Crises da Adolescência

Crises da Adolescência (Na visão do cientista político, não é uma perspectiva psicológica)

Origem da palavra "***adolescente***"

Nunca havido antes da Segunda Grande Guerra – 2ª. GG Mundial, o mundo desconheceu, ou melhor, todas as civilizações e culturas humanas que aqui passaram desconheceram a fase da adolescência até os anos cinquenta.

Sua origem pode estar relacionada à criação das Nações Unidas, objetivamente preocupada com os rumos da humanidade neste novo concerto universal, liderada pelos países desenvolvidos ocidentais, vencedores da tal conflagração da 2ª GG Mundial.

A motivação subjetiva para a criação da denominação e delimitação desta fase chamada "adolescência" pode estar associada à nova visão dos países ricos sobre os países pobres de uma nova concepção de divisão internacional do trabalho social onde os marcos humanitários, éticos e econômicos que balizariam a competição de mercado de trabalho no sistema capitalista visariam "proteger" os países industrializados da competição selvagem e desleal de mão-de-obra infantil, barata, aviltada pelos países do chamado terceiro-mundo, notadamente Índia, China, Paquistão, Indonésia e outros pólos mundiais de pobreza e da mão-de-obra barata, precoce (crianças, adolescentes e jovens) e abundante.

Assim, evitar-se-ia a exploração "vantajosa" economicamente da mão-de-obra infantil, tradicional das eras passadas anteriores aos direitos trabalhistas no terceiro mundo pobre, contra a competição da mão-de-obra especializada, escolarizada, envelhecida e cara dos chamados países do primeiro-mundo rico.

O fato é que fora acordada nas Declarações Universais dos Direitos Humanos imposta pelos países dominantes, ricos e vencedores, as grandes potências capitalistas, a proteção ao chamado trabalho infantil, agora estigmatizado e marginalizado pelos novos donos do Direito Internacional na civilização de pós-guerra.

A partir deste marco histórico econômico-etário e dissociando-se a humanidade de suas origens perdidas na História, quando nas eras milenares passadas o ser humano passava da fase de vida infantil diretamente para a fase de vida adulta, procriando-se e trabalhando duro pela sobrevivência como o fazem ainda os silvícolas, a partir dos doze a treze anos de idade, até a chegarem à fase de velhice, que era por volta dos quarenta anos de idade.

Então se introduziu um novo hiato entre a passagem da fase infantil para a fase adulta criando-se dois pontos de passagem úteis ao mundo civilizado e desenvolvido, porém, inúteis e vazios para o restante dos mundos. Estavam criadas a adolescência e a chama da juventude.

No mundo desenvolvido era necessário que os trabalhadores concluíssem as fases de estudos superiores e pós-superiores o que requereria mais dez anos suplementares de pós-estudos sobre os anos de estudos básicos e superiores, o que empurrava o início da fase adulta produtiva economicamente e intelectualmente (sexualmente) para os vinte quatro anos de idade ou aos vinte oito anos de idade, assim, estes anos a mais, improdutivos economicamente e ociosos, eram financiados pela sociedade rica, afluente e abastada, o que seria inviável economicamente para o restante do mundo não desenvolvido, exceto para as famílias ricas dos segundo e do terceiro mundos.

A estas fases alongadas de preparação para a vida adulta se designaram os nomes de adolescência e juventude respectivamente.

Ficavam assim os ônus da ociosidade não produtiva da adolescência e da juventude projetados e lançados sobre o orçamento da família e sobre o restante da sociedade, embora não reste dúvida de que o cidadão melhor preparado intelectualmente representasse a manutenção e a ampliação das vantagens competitivas dos países do primeiro mundo ampliando-a cada vez mais sobre o restante da humanidade subdesenvolvida.

Ficaram atendidos eficazmente e bem protegidos da competição da mão-de-obra os países mais ricos daqueles países dos segundo, terceiro e quarto mundos, isolados da competição capitalista.

Esta parece ser a explicação mais convincente para a criação ou do surgimento desta fase na vida das pessoas. A adolescência.

O que fazer nesta fase de adolescência quando durante os mais de dois milhões e meio de anos anteriores na existência evolutiva do *homo sapiens*, em que não existindo estas duas fases na vivência das pessoas, as vidas reprodutivas e laborais iniciavam-se aos onze anos de idade, e de repente, nos últimos sessenta anos quebra-se este ciclo e se proíbem de trabalharem, casarem, reproduzirem e de se autonomizarem, cercando-se de cuidados extremos aqueles que outrora eram aptos a assumirem todos os compromissos da vida social e econômica nesta fase-idade?

Os argumentos "científicos" contra o trabalho infantil e contra a gravidez na adolescência se tornam sem efeito diante dos dois milhões e meio de anos de experiência emancipacionista dos agora denominados despreparados e desprovidos novos adolescentes para assumirem suas vidas agora consideradas precoces, mesmo diante da realidade biológica da sua evidente e da real capacidade reprodutiva ativa, efetiva e desperta desde a tenra idade.

A outra questão ficou sendo: o que fazer entre a adolescência, a juventude, e o início oficial da nova fase adulta?

Sem respostas eficazes para isto cria-se um vazio aonde o jovem e o adolescente se vêm aptos e potencialmente capazes de se assumirem no mundo adulto, mas, as normas sociais e legais os impedem de fazê-lo, apenas para cumprirem os caprichos dos estatutos sociais e legais convenientes ao mundo industrializado e desenvolvido.

Este período de ócio dos adolescentes e dos jovens nos países subdesenvolvidos (*e também dentro dos guetos subdesenvolvidos, dentro dos países desenvolvidos*) não pode ser preenchido com atividades laborais, por serem vetadas e vedadas, nem pode ser preenchido por atividades escolares por falta de investimentos e financiamento social para este ócio.

O resultado é: criminalidade, vadiagem,

desperdício, gangsterismo, modismos sequazes, cultura da rebeldia "típica" da juventude, cultura da contestação, da revolução, típicas da juventude ociosa e cheia pretensões e de demandas não atendidas.

"A única e verdadeira demanda dos adolescentes e dos jovens é o reconhecimento como um ser adulto."

Assim, o adolescente virou o alvo de terem continuamente as suas atitudes naturais consideradas criminalizadas, delituosas, infracionais, contravenções, agravos, violações e estarem potencialmente em permanente conflito com a lei.

Seus atos que antes sempre foram considerados naturais passaram a ser proibidos e censurados, embora admitidas as suas capacidades para exercê-los.

Ser adolescente passou a ser quase um atentado permanente aos costumes e os seus atos frequentemente considerados anti-sociais.

"É a contradição e o conflito criado entre a capacidade e a condição do adolescente de exercer as suas potencialidades contra proibições e limitações impostas para o exercício pleno de suas capacidades."

Capítulo – I

1 - Rito de Passagem

1.1   – Transformações físicas (metamorfose hormonal)

Como se fosse um zumbi o adolescente se vê, de uma hora para outra, possuído por uma nova forma física estranha, seus volumes começam a despontar de forma assustadora, indiscreta e inconveniente, como se outra criatura estivesse invadido e dominando o seu corpo.

É a explosão hormonal, que antes mesmo que ele se perceba explode as suas formas, desejos, estrutura física e psicológica para uma dimensão desconhecida, tirânica, sem nenhum aviso ou preparação.

Começa a experimentar sensações geralmente desconfortáveis, surgem mudanças internas e estéticas, anunciando que uma fase nova e definitiva está acontecendo alheiamente à sua vontade, e isto todos notam: pêlos, volumes, curvas, mudanças na voz e no comportamento social.

1.2 – Transformações emocionais (do solipsismo à procura do outro)

As transformações socioambientais mais importantes se verificam em grupos familiares, escolares e em alguns lócus externos à família, nesta ordem de intensidade, quando o adolescente tem de abandonar a sua visão de mundo interna à família para se abrir compulsoriamente para novas expectativas no mundo extra-familiar que são impostas pela alteridade coletiva.

Então, sendo obrigado a admitir que não seja mais o centro de tudo (do mundo), e que o mundo ainda não estava preparado para a sua espetacular estreia, e que o mundo não está preparado para reconhecer a sua imensa, incalculável e insubstituível importância para ele, então começam as crises: Crise de identidade, crise de maturidade, crise de capacidade afetiva, crise de capacidade de decisão, crise de autonomia, crise de poder, crise sexual, crise afetiva, enfim ele tem de aceitar dividir o seu mundo com os outros nem tão importantes quanto ele.

As suas primeiras cobaias desta nova experiência da alteridade são os seus parentes e entes queridos os quais atuarão como laboratórios e testes de novos papeis, novos constructos, reforços e retificações, não sem atrito, conflito e muitos atos rebeldes, contestatórios, reformistas e revolucionários. Ele não admite que esteja tentando reinventar a roda, acredita que está desbravando um mundo de emoções e descobertas inéditas para a sociedade humana!

Tudo é ruptura! É o Rito de Passagem. Novos sabores antes evitados no paladar, novidades diversas: o primeiro beijo, o primeiro encontro, o primeiro baile, a primeira namorada (o), o primeiro amor, o primeiro vôo solo, a primeira cantada, é muito choque para um período tão curto.

1.3 – Transformações intelectuais (descobertas, rebeldia)

Começam aí as descobertas heterodoxas de misturas de conceitos científicos ousados, a maioria deles esdrúxulos e impraticáveis, porém no meio de tanta ousadia podem surgir conceitos extremamente ousados e inéditos que realmente mereceriam uma olhada pela Ciência. Faz parte neste momento de quebra de paradigmas experimentarem tudo sem as cautelas próprias da maturidade e sem a barreira dos preconceitos da experiência, sem os freios do medo de se expor ou de cometer grandes erros. Tudo pode e deve ser permitido.

"A adolescência é a fase do super-homem (super-mulher) que não se machuca, não

adoece, não envelhece, não tem medo, não se intimida e não tem e nem se impõe limites."

2 – Todo amor é inventado (educação sentimental)

A cultura social impõe dominar os sentidos e emoções. A palavra temida para esta fase chama-se autocontrole e a sua parental: a palavra mais proibida é "limites".

Como é muito difícil navegar na alteridade então o mundo sentimental amoroso se torna um jogo perigoso, pois que para se exercer os controles sobre a vontade e sobre o sentimento do outro há que se negociar este processo utilizando-se de táticas que vão desde a sedução à dominação, passando pela influência e pela simples troca de concessões e até chegarem aos limites da submissão, coerção e coação. Tudo depende do prêmio a alcançar, dos custos de investimento e das expectativas de utilidade das vantagens obtidas de cada lado.

Para conquistar o outro é preciso apreender e aprender a praticar um código de conduta que geralmente se prende ao jogo de interesses onde o interesse do outro tem de ser maior do que o "seu" para se jogar o jogo da sedução, caso contrário o jogo penderá para o lado que está em desvantagem e quem está mais interessado já começa o jogo em desvantagem estratégica tendo em vista que deverá estar disposto a ceder e a fazer concessões para obter vantagens na sua aceitação pelo outro.

Neste jogo tenta-se esconder os seus trunfos e entre eles esconde-se o interesse verdadeiro pelo outro, mas o suficiente para não parecer desinteresse total.

Todo sentimento sobre o outro e toda imagem que fazemos do outro é fruto das nossas expectativas, no caso do adolescente, a avaliação do grupo pode ser determinante na aceitação ou nas suas escolhas.

O desejo de aprovação social faz parte importante agora desta fase de alteridade, e afrontar e ser excluído dos grupos sociais é um castigo mais do que cruel para um adolescente dentro da hierarquia social.

Assim, os conceitos e valores sociais dos adolescentes, todos são referenciais sociais: de estética, de inteligência, de riqueza, de habilidades as mais diversas, habilidades esportivas, força física, marcas de roupas e acessórios, estilo de vestimenta, gírias, vocabulário, penteados, maquiagem, trejeitos, tipos de filmes, heróis e super-heróis, esportes, lazer, celular, i-phone, smart-phones, lap top, colégio, férias, cortes de cabelo, enfim as arenas de disputas e de representação de poder nunca se esgotam, e também os revezamentos entre os vencedores virtuais e reais.

2.1 – O valor e o papel das amizades

É o momento de deixar o conforto da família e até mesmo hostilizá-la para se juntar à nova tribo dos iguais, quebrando o último laço umbilical com as suas origens e libertando-se das últimas dependências emocionais e pelo menos mantendo a necessária dependência material da família em suspensão temporária, com certa discrição e diplomacia.

Do grupo social se extrai apoio, retificação e ratificação das atitudes constantes, a competição, a solidariedade, o aprendizado, a disciplina às normas não escritas e não verbalizadas de comportamento e da ética social, é no grupo que os pensamentos são alinhados, as teorias são confrontadas, e se uniformizam os procedimentos sociais.

No grupo, a pesada hierarquia impõe uma disciplina discreta e anárquica, onde o líder é reconhecido e tem que defender a sua liderança dia-a-dia, tem que provar todas as suas qualidades, coragem, força, inteligência, agressividade e ser magnânimo com os seus seguidores a todo instante.

O líder do grupo sabe guardar segredos, tem carisma e sabe tomar decisões, caso contrário é substituído imediatamente. Tantas lideranças podem surgir de uma hora para outra, tantas quantas forem as possibilidades de liderança de acordo com as demandas das circunstâncias e dos momentos, na praia, no esporte, na escola, na igreja, na rua, no bairro, em cada lugar surge uma necessidade diversa de lideranças ocasionais e tempestivas.

Um líder sente o faro da fraqueza e da oportunidade e de modo ousado e sem parecer sôfrego, oportunista, pedante ou autoritário assume o controle no momento certo e vai conseguindo a coesão e o consenso na medida em que consegue acertar o ponto de convergência das tendências do seu grupo. Este feeling tem que se afinar e sintonizar-se com o conhecimento psicológico que consegue obter sobre cada fraqueza de cada membro do seu grupo, um líder é sempre um grande manipulador de emoções e de sentimentos.

2.2	– O valor e o papel dos sentimentos (amor, amizade, paixão)

Nunca saberemos o suficiente sobre o amor, a paixão e a força da amizade.

Ao longo das culturas das civilizações que aqui passaram muitas marcas e estilos de comportamentos sentimentais fincaram aqui e acolá as suas influências sobre os indivíduos e estas influências se espalharam e se amalgamaram forjando versões diversas e mesmo assim únicas em cada subcultura estabelecendo os padrões de comportamentos sociais e regras não escritas de atitude comunal.

Este desejo estranho de ser possuído por alguém e ser desejado pelo outro em especial abre um jogo de interesses e controle muito bem explicado pela Teoria da Ação de Talcott Parsons.

O adolescente nem sempre possui a maturidade necessária e suficiente para permanecer neste jogo quando as circunstâncias não parecem promissoras. É um jogo de expectativas onde um pensa que o outro pensa o que ele está pensando e assim as decisões estratégicas do jogo dependem do concurso das decisões tomadas pelo outro ou do que o outro pensa que serão tomadas por si. O resultado do que um decidir vai depender do que o outro virá decidir, e num jogo de informações incompletas as expectativas de cada lado dependem dos sinais percebidos pelo outro jogador.

Parte destes sinais emitidos faz parte da linguagem corporal inconsciente, outra parte consiste em confundir o outro com palavras e com atos conscientes e premeditados para fazer com que o outro aja de acordo com as suas expectativas.

Outra parte dos sinais emitidos faz parte da cultura, do acervo psicológico e das convenções sociais e étnicas do grupo e é obrigatório se seguir os rituais sociais, conduzidos sempre por uma aproximação de comportamentos dos modelos dentro de expectativas que por vezes chamamos de estereótipos, ou no limite, de preconceitos.

Um preconceito não passa de um conjunto de expectativas de respostas aos estímulos sociais baseados em referências aparentemente superficiais e que não pertencem necessariamente a um conjunto definido de normas socialmente aceitas declaradamente ou deliberadamente, ficam estas expectativas subentendidas e subliminares, porém possuem um poder extraordinário de explicação e de orientação do comportamento social, por isso nunca devem ser desprezadas, aceitas talvez, corretas, quase nunca, mas que acabam se confirmando devido às pressões sociais que tendem a se auto-realizarem e se auto-confirmarem; sobre estas profecias e expectativas sócio-grupais e sobre as quais sobrevêm punições e/ou recompensas à medida que estas previsões se auto-realizam no campo comportamental, obrigando tacitamente aos grupos a repetirem os comportamentos ditados pelos estereótipos.

O amor não correspondido é como uma nota promissória em aberto é ele um sentimento roubado por alguém que recebeu um crédito e não sacou a sua cota obrigatória de compromisso para retribuir tanto interesse, atenção, devoção e doação.

Torna-se obrigatório a retribuição da mesma maneira como se age com um presente recebido. É uma oferta que cria uma obrigação de retribuir. Assim, quem dá amor recebe um crédito, e o objeto amado fica devedor nas expectativas do doador do crédito.

Nem todos os créditos são liquidados, nem todos os títulos têm lastro, assim também o é no mercado amoroso. Saber a cotação dos títulos requer habilidade e conhecimento do seu valor de mercado.

As variáveis, tempo e demanda, têm forte determinação nos valores de mercado amoroso. Saber reposicionar as suas qualidades e saber o momento certo de fazer a ofertas é fator determinante do sucesso também neste campo.

Como no mercado de títulos as negociações devem ser discretas, e os sucessos devem ser comemorados comedidamente, só os novos ricos são imprudentes o bastante para exibirem sinais externos de sucesso, de prosperidade e de riqueza, assim os velhos ricos costumam ser discretos quanto a sua riqueza, os ricos evitam atrair os olhares dos invejosos e dos caçadores de felicidade alheia: o mesmo se aplica ao mercado amoroso.

2.3   – A realidade e o subjetivo (fenomenologia)

Como diria Platão, a realidade é como nós a conhecemos em nossa subjetividade particular, única, assim existe uma realidade para cada pessoa, esta é base da Fenomenologia.

Como nunca será possível sabermos como cada ser humano enxerga o mesmo tom de azul assim muito mais complexa é a percepção da realidade, com diria o Filósofo Emmanuel Kant, a apercepção da realidade é um fenômeno transcendental e intraduzível.

Assim, a percepção que o outro indivíduo tem de nós não é a que corresponde às nossas expectativas quanto àquela percepção que pensamos que o outro tem ou deveria ter sobre nós. Nunca saberemos o que o outro ou os outros avaliam sobre tudo o que somos ou fazemos.

Este fenômeno iniciado por Platão há 2.5 mil anos, e desenvolvido por filósofos recentes como Emmanuel Kant, Husserl, Schopenhauer, Brentano na moderna Fenomenologia nos explica que o mundo e a sua realidade é o resultado da nossa reconstrução e da nossa experiência vivida.

O mundo como se parece ao olhar humano é reinterpretado constantemente segundo as impressões que se adéquam às expectativas e às percepções sensoriais subjetivas dentro da concretude estabelecida pela experiência vivida, intuitiva, sensorial e da memória dos fatos.

Tudo que se apresenta à percepção ocorre como um objeto emocional proposital intencional. O objetivo da percepção dos fatos é alcançar a intenção das essências das atitudes, decisões e dos comportamentos. Busca interpretar o mundo através da consciência de um determinado sujeito, segundo as suas experiências do passado.

Acredita em captar instantaneamente os fenômenos de forma sensível, emocional e sensorial, considera que toda consciência é "consciência de alguma substância lá do acervo do nosso catálogo de sensações", porém a consciência não é considerada uma substância, mas formada por atos de percepção, imaginação, paixão, emoções e demais atos internos dos seres.

Baseia-se na busca da essência motivacional de um determinado fenômeno através do processo de redução sensorial; todas as coisas são caracterizadas por serem inacabadas em constante processo de modificação. O ser humano em sua consciência da realidade elabora um método de observação dos fatos, cientificamente, a respeito da descrição e classificação dos eventos em busca do reconhecimento anterior, para compreender e classificar os fatos novos, que sempre caem no âmbito de alguma experiência vivida anterior à memória dos fatos presentes, executando uma *anamnesis* (recordação) para reconhecer e esclarecer o fenômeno sob observação que considera a visão de um determinado sujeito espectador.

Platão resolve esse problema com sua Teoria das Ideias. O que há de permanente em um objeto é a Ideia sobre o objeto; mais precisamente, a participação desse objeto de sua Ideia correspondente.

E esse objeto não é uma Ideia, mas uma incompleta representação subjetiva, pessoal e sensível desse objeto concreto.

No exemplo da árvore, o que faz com que ela seja ela mesma e seja uma árvore (e não outra coisa), a despeito de sua diferença daquilo que era quando mais jovem em outras etapas de seu crescimento e metamorfose desde a sua fase de muda ou de semente e de diferente de outras árvores de outras espécies (e mesmo das árvores da mesma espécie) é a sua participação na Ideia inconfundível de Árvore; e suas mudanças e variedades devem-se ao fato de ser uma pálida representação da Ideia geral

e genérica de ser sempre uma espécie Árvore –
(Pense em como você descreveria uma árvore
para um cego de nascença).

Platão também elaborou uma teoria
gnosiológica, ou seja, uma teoria que explica
como se pode conhecer as coisas, ou ainda,
uma teoria do conhecimento.

Segundo ele, ao ver um objeto repetidas vezes,
uma pessoa se lembra, aos poucos, da Ideia
genérica daquele objeto que viu no mundo das
Ideias. Para explicar como se dá isso, Platão
recorre a um mito (ou a uma metáfora) segundo
a qual, antes de nascer, a alma de cada pessoa
vivia em uma estrela, onde se localizam as
Ideias. Quando uma pessoa nasce, sua alma é
"*jogada*" para a Terra, e o impacto que ocorre
faz com que esqueça o que viu na estrela. Mas,
ao ver um objeto aparecer de diferentes formas
(como as diferentes espécies de árvores que se
pode ver), a alma se recorda da Ideia genérica
daquele objeto que foi visto na estrela. Tal
recordação, em Platão, chama-se *anamnesis*.

A reminiscência

Uma das condições para a indagação ou
investigação acerca das Ideias é que não
estamos em estado de completa ignorância
sobre elas. Do contrário, não teríamos nem o
desejo nem o poder de procurá-las.

Em vista disso, é uma condição necessária,
para tal investigação, que tenhamos em nossa
alma alguma espécie de conhecimento ou
lembrança de nosso contato com as Ideias

(contato esse ocorrido antes do nosso próprio nascimento) e nos recordemos das Ideias ao vê-las reproduzidas palidamente nas coisas.

Deste modo, toda a ciência platônica é uma reminiscência.

A investigação das Ideias supõe que as almas preexistiram em uma região divina onde contemplavam as Ideias. Podemos tomar como exemplo o Mito da Parelha Alada, localizado no diálogo Fedro, de Platão. Neste diálogo, Platão compara a raça humana a carros alados. Tudo o que fazemos de bom, dá forças às nossas asas. Tudo o que fazemos de errado, tira força das nossas asas. Ao longo do tempo fizemos tantas coisas erradas que nossas asas perderam as forças e, sem elas para nos sustentarmos, caímos no Mundo Sensível, onde vivemos até hoje. A partir deste momento, fomos condenados a vermos apenas as sombras do Mundo das Ideias.

Assim, a visão de mundo é que tudo que podemos saber do mundo resume-se a esses fenômenos, a esses objetos ideais que existem na mente, cada um designado por uma palavra que representa a sua essência, sua "significação". Os objetos da vida são dados da concretude apreendidos em intuição pura, com o propósito de descobrir estruturas essenciais dos atos (noesis) e as entidades objetivas que correspondem a elas (noema).

Para nós tudo que é informado pelos sentidos é mudado em uma experiência de consciência, em um evento que consiste em se estar consciente de algo. Coisas, imagens, fantasias, atos, relações, pensamentos, eventos, memórias, sentimentos, etc. constituem nossas experiências de consciência.

Para nós, os estudos das nossas vivências, dos nossos estados de consciência, dos objetos ideais desse evento que é estar consciente de algo formam a nossa enciclopédia de reconhecimento da realidade; não devemos nos preocupar se ele corresponde ou não a objetos do mundo externo à nossa mente.

O interesse para a consciência perceptiva não é o mundo que existe, mas sim o modo como o conhecimento do mundo se realiza para ela. A redução dos fatos vividos e observados requer a suspensão das atitudes, *epoché*, crenças, teorias, e colocar em suspenso o conhecimento das coisas do mundo exterior a fim de concentrar-se exclusivamente na experiência em foco, porque esta é a realidade para ela.

O Noesis é o ato de perceber e o Noema é o objeto da percepção – esses são os dois pólos da experiência. A coisa como fato de consciência (noema) é a coisa que importa, e refere-se à conclamação "às coisas em si mesmas". "Redução da experiência sensível" significa, portanto, restringir o conhecimento ao estado da experiência de consciência, desconsiderar o mundo real, colocá-lo "entre parênteses", o que não quer dizer que se deva duvidar da existência do mundo como os idealistas radicais céticos e positivistas duvidam, mas se preocupar com o conhecimento do mundo na forma que se realiza na perspectiva do fenômeno e na visão do mundo que se tem.

Vivência (*Erlebnis*) é todo o ato mental; tem que englobar os objetos das vivências, porque as vivências são intencionais e é nelas essencial a referência a um fato de memória anteriormente vivido.

A consciência é caracterizada pela intencionalidade, porque ela é sempre a consciência de alguma coisa familiar. Essa intencionalidade é a essência da consciência que é representada pelo significado, o nome pelo qual a consciência se refere a cada fato.

Em "A Psicologia de um ponto de vista da experiência"- 1874 - Franz Brentano afirma: "Podemos assim definir os eventos da mente dizendo que eles são aqueles os quais, precisamente por serem intencionais, contêm neles próprios um fato".

Isto equivale afirmar, como Husserl, que os eventos mentais independem da existência de sua réplica exata no mundo real porque contêm o próprio evento. A descrição de atos mentais, assim, envolve a descrição de seus significados, mas somente como experiências e sem assumir ou afirmar sua existência no mundo concreto. O evento não precisa de fato existir. Foi um uso novo do termo "intencionalidade" que antes se aplicava apenas ao elemento da vontade de existência do fato concreto.

O que importa não é a coisa existir ou não ou como ela existe no mundo, mas a maneira pela qual o conhecimento do mundo acontece como intuição, o ato pelo qual se apreende imediatamente o conhecimento de alguma coisa com que se depara – que também é um ato primordialmente dado sobre o qual todo o resto é para ser fundado em termos de um retorno à intuição, *Anschauung*, é a percepção da essência. Além do mais, a ênfase sobre a intuição precisa ser entendida como uma refutação de qualquer abordagem meramente especulativa da Filosofia.

Sua abordagem é "concreta", tratar do modo de se ver dos vários tipos de consciência não restringe seus dados à faixa das experiências sensíveis, pois admitem dados não sensíveis (categoriais) como as relações de valor, desde que se apresentem intuitivamente (categorias analíticas).

A função das palavras não é nomear tudo que nós vemos ou ouvimos, mas salientar os padrões recorrentes em sua experiência vivida. Identifica os dados dos sentidos atuais como sendo do mesmo grupo que outros que já tenham sido registrados antes.

Uma palavra não descreve uma única experiência, mas um grupo ou um tipo de experiência; a palavra "mesa" descreve todos os vários dados dos sentidos que consultam normalmente quanto às aparências ou às sensações de "mesa" (mesas de três pernas, de quatro pernas, de seis pernas, de madeira, de ferro, de pedra, mesa alta, mesa baixa). Assim, tudo aquilo que se pensar, querer, amar ou temer é intencional, isto é, refere-se a um desses universais (que são significados e, como tal, são eventos e fatos da consciência). E por sua vez, o conjunto dos eventos, o conjunto das significações, tem um significado maior que abrange todos os outros, é o que a palavra "Universal" significa.

John Locke

O maior dos filósofos empiristas procurou em seu Essay Concerning Human Understanding (1690) demonstrar que todas as ideias são registros de impressões sensíveis (ou são derivadas de combinações, de associações entre essas ideias de origem sensível), e criticou o pensamento de Descartes (1596-

1650) de que existiriam algumas ideias que seriam inatas - que o homem teria no espírito ao nascer -, como, por exemplo, a ideia de perfeição. Segundo <u>John Locke</u>, alguma coisa é enviada pelos objetos e é captada por nossos sentidos e dão causa à formação das ideias. Este pensamento é a base da teoria corpuscular da luz.

David Hume

Ainda mais contundente que seu predecessor Locke, negou o valor do raciocínio lógico e denunciou que a relação de causa e efeito não é suficiente como verdade, pois nada encontramos entre causa e efeito senão que um acidente que costumeiramente se segue ao outro acidente ambos concatenados pelo intervalo de tempo entre os eventos sem qualquer outra interveniência entre estes dois (eventos) momentos. Estamos habituados a chamar o primeiro acidente de *causa* apenas porque ele sempre acontece antes do segundo que chamamos de *efeito* (correlação espaço-temporal).

Immanuel Kant

Segundo a filosofia do conhecimento (Crítica) de Immanuel Kant (1724-1804), nós não podemos conhecer as coisas inteiramente, porque nem todos os sinais que recebemos das coisas são aceitos pela mente, e disto resulta que não podemos conhecer inteiramente o real. Conhecemos do real apenas aquilo que a mente pode assimilar, e que ele chamou fenômeno; ao que permanece incognoscível para nós ele chamou o noumeno.

Então Kant tomou a série de conceitos que Aristóteles havia listado de como o que podemos dizer das coisas, e transformou-a em uma série de categorias (analíticas, ou imperativos categóricos) que são do que podemos conhecer das coisas. Para Kant o dado real, concreto tem validade, porém nunca validade absoluta ou apodítica. Husserl igualmente duvida do conhecimento científico dos fatos e, para ele, o que deve ser procurado é o conhecimento científico das essências (das impressões).

Em vista do fato como é representado em sua mente a impressão causada pelos objetos e fatos correspondem à sua própria realidade (ou versão possível da realidade subjetiva), não importando qual a situação externa, e porque essa construção difere do padrão comum dos objetos ideais com respeito aos mesmos estímulos dos sentidos percebidos precisa-se encontrar o significado nos objetos do mundo ideal a fim de poder lidar com sua situação mental.

Assim segundo o poeta Cazuza que tem razão ao dizer que "todo amor é inventado", todo amor somente existe no coração de quem ama, toda beleza encontrada no outro que é o objeto de nosso afeto somente existe para os seus olhos. Todo sentimento, olhar, observação, avaliação recaem sempre nos âmbitos das perspectivas subjetivas das expectativas dentro daquele contexto de observação, daquele contexto de descoberta, e daquele contexto de justificação do indivíduo apaixonado. As coisas da paixão existem apenas no universo do apaixonado.

Às vezes pode parecer que o amor está no outro e que dependemos e precisamos do outro para amá-lo. O amor precisa estar e ser descoberto dentro de nós, o que sentimos pelo outro é apenas uma representação deste amor inventado e projetado sobre o outro. O outro não é tão perfeito assim, tão importante assim, tão necessário assim, apenas esperamos e desejamos que assim o fosse, então colocamos sobre o outro toda a responsabilidade trazidas das nossas expectativas de felicidade, que apenas existem em nossa imaginação e desejo de ver concretizado no outro.

Quando estas expectativas se vêm frustradas uma enorme decepção toma conta da gente, então toda a raiva e fúria do mundo se canalizam contra aquela pessoa que foi tão capaz de nos magoar, mas que no fundo, foi um imenso monumento virtual criado por nós mesmos apenas para satisfazer às nossas expectativas e desejos de ver no outro tudo aquilo que um dia idealizamos para ser a nossa companhia.

O melhor é nesse instante buscar de volta o amor próprio perdido e transferido para a outra pessoa e recuperarmos a nossa dignidade, assumirmos que o outro não pode ser o responsável pela nossa felicidade e aprendermos a sermos felizes com alguém que nunca vai nos decepcionar: nós mesmos. Ninguém pode nos fazer feliz a não ser nós mesmos, só assim nos amando muito primeiro poderemos dar um pouco dessa felicidade para o outro. E não o inverso.

2.4   – Sentimento: escravidão – humanização

O sentimento da paixão está adstrito ao universo imaginado e reconstruído teleologicamente pelos fatores de interesses de seu próprio por quê; tantos fatores auto-explicativos que se auto-justificam e que não fazem sentido fora deste âmbito sentimental, criaram um universo quase paralelo à realidade vivida externamente aos amantes; os mais poderosos recursos racionais humanos são suspensos temporariamente assim como o instinto de auto-preservação. Neste estado convém se acautelar dos pensamentos associados às mais sinceras decisões e comportamentos que desconhecem outra razão exceto a do coração atormentado e escravizado pelo desejo de ver realizado no outro o seu mesmo desejo.

Escravidão e loucura não servem para se argumentar e dialogar com a razão outra que não aquela interna ao universo sentimental porque não levam à porta de saída única que é a concretude dos desejos, custe o que custar. Agora se perdeu todas as cautelas, não importando mais o preço a pagar senão encontrar uma forma de se livrar desta angústia da abstinência do afeto negado, e não se ouse impedir o desfecho deste desiderato auto-referenciado, solipsista, onde somente o tormento interno não vê outra saída senão aquela pela qual se entrou no labirinto de desejo desperto seja lá como foi e que neste estágio não guarda mais nenhuma relação com o começo de tudo.

3 – A Filiação aos grupos sociais (multifiliação)

As participações nos mais diferentes grupos sociais e societais fazem parte do aprendizado social e vai permitindo se adaptar às normas sociais, cumprindo a dolorosa e difícil etapa de adequação e enquadramento na hierarquia social.

Uma parte deste processo de inserção social é determinada pelas origens socioeconômicas do indivíduo, que não teve escolha nesta determinação, são as implicações imanentes às suas condições de classe social e étnica de origem, como a sua renda familiar, sua etnia, sua antiguidade no bairro onde mora, as profissões e atividades sócio-econômicas de seus pais ou provedores, o tipo e padrão de residência, e assim por diante, são as condições de partidas ou os ônus a serem incorporados nos requisitos para as suas inserções nos mais diferentes grupos disponíveis, também nas instituições obrigatórias e também naquelas instituições disputadas para ingresso que garantem prestígio social.

Assim a sua lealdade aos mais diferentes grupos e instituições nem sempre livre de contradições e de traições, terá que ser pela primeira vez encarada profissionalmente, deixando para trás o tempo de criança quando era conveniente manipular os pais e irmãos num jogo previamente combinado.

Cada grupo ou instituição social vai cobrar a sua cota de participação assim a muitas instituições e grupos a que pertence e vão cobrar o estatuto de pertencimento tanto do seu clube de futebol favorito, quanto ao seu grupo na escola, quanto aos esportes prediletos, quanto aos seus hobbies, quanto ao seu grupo de gênero, quanto ao seu bairro ou rua, quanto ao seu Estado ou província natal, quanto ao seu país, quanto às suas preferências gastronômicas (faixa etária, escolaridade, renda, opção política e ideológica) e tantos outros mais que criam uma grande quantidade de rivalidades, confrontos, conflitos e disputas.

Para pertencer a um grupo social o indivíduo

deve coerência e lealdades primárias a este grupo e seguir os seus estatutos, escritos ou costumeiros. Acontece que um mesmo indivíduo deve lealdade, por este princípio, aos diferentes grupos e classes a que pertence ou frequenta, simultaneamente: deve lealdade ao seu clube de futebol, à sua família, à sua etnia, à sua cultura ou subcultura, à sua crença religiosa, à sua sexualidade de gênero, à sua profissão, à sua categoria de escolaridade, à sua nacionalidade, à sua naturalidade, às suas amizades, à sua ideologia, ao seu partido político, enfim, em resumo aos status a que faz jus.

Como seria possível a um mesmo indivíduo prestar tantas lealdades a cada um destes grupos e classes a que pertence simultaneamente sem entrar em conflito consigo mesmo e com estes grupos e classes? Como evitar tanta contradição?

Isto acontece o tempo todo.

3.1   – Grupo social escolar (nerds, feios, ricos, atletas, marginais, elites, etnocentrismos, sexismos, veteranos)

Assim, a propensão cultural reflexa dos vestígios do homem primitivo que ainda resili no homem moderno herdado dos seus antepassados neolíticos estimulando o comportamento atávico da competição e da tendência agonística sobrevive na forma dos contenciosos intra-grupo e se perpetua ainda na atualidade inexplicavelmente travestido de competição esportiva, disputas religiosas, militares, geopolíticas, rivalidades pessoais e de gênero, e na vaidade secular dos seres humanos ditos modernos.

A ideia associada à competição darwiniana remete-nos de forma indireta, e sugestiva ao conceito de evolução.

Vemos muito correntemente o conceito de evolução das espécies na natureza associada de forma ideológica e teleológica ao conceito de competição no âmbito das ideias de Charles Darwin.

Evolução e competição são conceitos autônomos e dissociáveis, como queremos demonstrar.

A espécie humana continua dominante na natureza apesar da competição intra e interespecífica, porque os humanos aprenderam a cooperar entre si. É o que Durkheim conceitua de solidariedade mecânica e de solidariedade orgânica.

Foi a organização social humana baseada na cooperação que construiu e constituiu a estrutura da sociedade e eliminou o risco à sobrevivência, sem ameaças, da espécie humana.

Mas não foi sempre assim. Houve uma época remota onde como qualquer espécie animal ou vegetal os humanos tiveram que travar combates fatais para garantirem a sua sobrevivência, este processo de seleção agonística está associado ao conceito de seleção natural pela competição para a sobrevivência de Darwin.

A ideia central de Darwin, com as devidas vênias, fala-nos sobre uma enorme pressão a que os indivíduos das espécies estão submetidos em suas lutas pela reprodução dos mais aptos a sobreviverem em uma determinada circunstância devido às pressões ambientais.

O que Charles não questiona é porque pressões ambientais selecionam para melhor, o termo evolução das espécies sugere teleologicamente um aperfeiçoamento constante. Outra coisa que a teoria de Charles não questiona, entre outras tantas, é o tempo que leva determinada mudança genética para estabelecer uma vantagem que se converta em sobrevivência, em tempo de garantir a sobrevivência da espécie, que não deverá ser muito longo a ponto de inviabilizar a sobrevivência, e a tolerância aos erros cometidos durante os ensaios genéticos de mutabilidade fenotípica aleatória, como requer os constructos da teoria evolucionista.

O que acontece com a fase de coabitação das duas variantes específicas na fase de transição: como se evitar que as espécies se cruzem anulando o efeito da divergência da plasticidade fenotípica e da neo-mutabilidade?

O meio ambiente é o tirano que modela e prescreve o formato final das espécies vencedoras. Isto implica em dizer que as mudanças ambientais determinam o desaparecimento ou a sobrevivência das espécies ao seu bel prazer, ao seu capricho como se fosse o engenheiro do universo.

 Este processo da seleção natural das espécies darwiniana estagnou diante da capacidade humana de adaptar o meio ambiente e modificá-lo, e não o contrário, como vinha ocorrendo.

Darwin ao se especializar no estudo das espécies da Ilha dos Galápagos deixou de considerar uma das grandes estratégias da capacidade de adaptação das espécies ao hostil ambiente, que é o mecanismo de migração.

Isolados na ilha esta capacidade fica bem limitada, mas nada impede que um fenômeno aleatório de migração acidental acabe por alterar as populações da ilha como, por exemplo, a migração furtiva de um grupo de animais navegando a esmo em um meio flutuante de fortuna, como um pedaço de árvore para longe do lugar de origem.

Então o desenvolvimento das habilidades humanas para lidar com o meio ambiente quebrou as expectativas de hegemonia completa da tirania da sobrevivência baseada na passividade com que as populações sucumbiam às adversidades ambientais. Os humanos aprenderam a criar um microclima ao descobrirem o fogo, ao mitigarem as agruras das estações climáticas severas. Mas também, e principalmente, migravam.

Nem toda competição leva à evolução. Nem toda evolução nasce da competição.

Estaríamos a fazer uma regressão ao infinito ao considerarmos hipóteses de que espécies mais avançadas deixaram de sobreviver sucumbindo ao meio ambiente hostil. Mas é uma hipótese plausível, embora não comprovada.

O processo de seleção natural não seleciona necessariamente as melhores espécies, mas tão somente ajudam aquelas que melhor sobreviveriam ao clima hostil da competição, e numa competição nem sempre vence o melhor, outros fatores devem ser considerados, como a facilidade e rapidez da reprodução, habilidade de convivência social, número de indivíduos e capacidade de enfrentar os inimigos.

Como se vê, uma inteligência superior e ou uma organização social superior poderiam burlar estes obstáculos se colocando acima estrategicamente das demais espécies. Mas que chances teriam a espécie humana contra os dinossauros gigantescos, e contra os mortais vírus como o HIV, por exemplo, naqueles tempos cretacianos?

Em verdade a tese da evolução darwiniana é uma fábula cheia de lacunas e conjecturas difíceis de serem compatibilizadas pela estatística, pelas possibilidades de alternativas que se colocam antes da consideração pura da possibilidade trazida pela mutabilidade genética aleatória para a garantia da sobrevivência das espécies às mutações do meio ambiente.

A competição entre as espécies se dá em campos e cenários distintos de batalha: no mar, nos lagos, em terra, pelo ar, ao nível microscópico e ao nível organizacional entre as estruturas sociais das espécies, no conhecimento do terreno, na capacidade de orientação espacial, na cultura organizacional, na habilidade de caçar, migrar, encontrar alimentos, de prever catástrofes, de resistência, do arsenal de armas como veneno, chifres, carcaça blindada, furtividade, velocidade, agilidade, força bruta, tamanho, camuflagem, garras, presas, odores e finalmente, na estratégia inteligente dos seres superiores em inteligência.

Encontros agressivos entre animais. Agonística

 Deriva de uma palavra grega que significa lutar. Ele é usado para qualquer tipo de comportamento que envolva luta ou conflito entre dois animais, geralmente da mesma espécie. Comportamentos agonísticos incluem ameaça (sons, postura, ou até mesmo uma expressão facial sutil como olhar fixamente), agressão ofensiva (como perseguição ou mordida) e comportamento defensivo (incluindo agressão, fuga, sinais submissos, ameaça e mordida). O termo é usado tanto em comportamentos predatórios como em antipredatórios, e conflitos intraespecíficos bem como interespecíficos, embora geralmente se use nos casos intraespecíficos.

O encontro de espécies nem sempre resulta em luta. Geralmente acontece a luta quando uma espécie se alimenta da outra espécie, ou há disputa sobre algum fator limitante. Fator limitante é dentre todos os fatores ligados à sobrevivência da espécie, aquele que está presente em quantidades insuficientes para atender às demandas e necessidades de todos os membros do grupo, ou, que os melhores fatores estão distribuídos em quantidades e disponíveis escassamente, provocando a disputa pelo privilégio ao seu acesso e usufruto.

A competição resulta necessariamente em vencedores e consequentemente em perdedores, o que não excluem novos e repetidos encontros no cenário de batalha.

Por isso nominado agonístico, por que necessário à solução do conflito irresoluto. O que se daria com o afastamento da espécie perdedora ou do seu desaparecimento pela extinção.

Vencida esta etapa na consolidação da espécie humana a competição pela sobrevivência já deveria ter desaparecido da nossa sociedade. Mas, a competição permanece atávica como marca da pujança e do estímulo à lembrança da fase do processo evolutivo histórico.

A sociedade humana não precisa mais reproduzir o comportamento agonístico. Este modelo foi superado pela inteligência superior humana que abortou o processo de seleção natural na nossa espécie pelo domínio do meio ambiente, modificando-o, e domando as intempéries a ponto de podermos sobreviver no espaço sideral, ou no fundo do mar dentro de naves e de submergíveis que superam as intempéries e armadilhas mortais do meio ambiente.

Para que servem as competições modernas: para mostrar ou selecionar os espécimes mais aptos à sobrevivência da espécie?

Por mais que se queiram catalogar os mais diferentes confrontos entre os mais diversos grupos possíveis que podem ser identificados como rivais sempre teremos que perguntar por que ainda este comportamento atávico nos remete aos conflitos tão arcaicos; e com que objetivo social se estimula a competição "boa" e ao mesmo tempo em que se pune a competição "má" entre grupos artificialmente formados de nerds, feios, ricos, atletas, marginais, elites, etnocêntricos, sexistas, veteranos, religiosos, regionais, nacionais, esportistas?

A competição em si é uma ideia natimorta. É a maior de todas as violências sociais somente sendo superada em capacidade de produzir danos psicológicos pelo comportamento de desprezo e as suas consequências que produzem a alienação (isolamento, discriminação) e sectarismos que atentam contra a natureza sociopolítica do ser humano moderno.

<h2>3.2   – Grupo social residencial (bairrismo)</h2>

Faz a principal base de construção da identidade, segundo alguns economistas contemporâneos é da integração e das comunidades que se atribuem e se extraem os valores e capitais sociais mais importantes para a formação da sociedade e do indivíduo.

Uma comunidade homogênea, antiga e bem assentada constitui uma referência completa que fornece a solidariedade orgânica e aumenta a sinergia social ajudando a potencializar os atributos das famílias através de uma série de vantagens sociais e econômicas. Segundo Roberto Putnam a Participação cívica consiste na disposição dos cidadãos para a buscarem o bem comum não à custa do puramente individual e mesquinho. Um dos quesitos para tal é partir da Igualdade política: os cidadãos agem como iguais, não como patronos e clientes ou como governantes e requerentes, desta forma incentivam os comportamentos de Solidariedade, Confiança e Tolerância: como consequência nesta comunidade os cidadãos são levados a serem prestativos, respeitosos e confiantes uns nos outros.

Porque consegue resolver o principal dilema da ação coletiva: a deserção.

Teu milho está maduro hoje; o meu estará amanhã. É vantajoso para nós dois que eu te ajude a colhê-lo hoje e que tu me ajudes amanhã. Não tenho amizade por ti e sei que também não tens por mim. Portanto, não farei nenhum esforço em teu favor; e sei que se eu te ajudar, esperando alguma retribuição, certamente me decepcionarei, pois não poderei contar com tua gratidão. Então, deixo de ajudar-te; e tu me pagas na mesma moeda. As estações mudam; e nós dois perdemos nossa colheitas por falta de confiança mútua. (David Hume. Tratado da Natureza Humana, livro III, parte II, seção V).

Dois cúmplices são mantidos incomunicáveis, e diz-se a cada um deles que, se delatar o companheiro, ganhará a liberdade, mas se guardar silêncio, e o outro confessar, receberá uma punição especialmente severa. Se ambos mantivessem silêncio, seriam punidos levemente, mas, na impossibilidade de combinarem suas versões, cada qual faz melhor em delatar, independentemente do que o outro venha a fazer. (Dilema do Prisioneiro – Teoria dos Jogos)

A Teoria da Escolha Racional (Rational Choice Theory) não é a mais apropriada para resolver estes problemas de ação coletiva.

Uma vez admitido que o indivíduo só estará disposto a cooperar se conseguir maximizar seu interesse particular, então, é de se esperar que cada um dos envolvidos na cooperação veja a deserção como o comportamento mais racional.

O fenômeno "**free-rider**" (desertor, oportunista, carona) inibe a cooperação voluntária. O resultado é a perda da colheita, o impasse no governo, o aumento da tarifa de táxi ou da taxa de juros do cheque especial.

Notem-se, nos exemplo de Hume e do Dilema do Prisioneiro, que a confiança (que Putnam chama de capital social) é essencial para a ação comum.

A pesquisa de Putnam se coloca contra o paradigma hobbesiano do "terceiro que coage", pois para o filósofo inglês, o que faria os homens cooperarem entre si era a coerção de um poder superior.

"... O desejo de sair daquela mísera condição de guerra que é a consequência necessária das paixões naturais dos homens, quando não há um poder visível capaz de os manterem em respeito, forçando-os, por medo do castigo, ao cumprimento dos seus pactos e ao respeito àquelas leis da natureza ...".

As leis da natureza (como a justiça, a equidade, a modéstia, a piedade) por si mesmas, na ausência do temor de algum poder capaz de levá-las a ser respeitadas, são contrárias as nossas paixões naturais (...). E os pactos sem a espada não passam de palavras, sem força para dar a menor segurança a ninguém. Portanto, apesar das leis da natureza, se não for instituído um poder suficientemente grande para a nossa segurança, cada um confiará, e poderá legitimamente confiar, apenas em sua própria força e capacidade, como proteção contra todos os outros. (HOBBES, Thomas. Leviatã. 2ª parte, cap. XVII.).

Putnam se alinha com a tradição republicana, que remonta a Platão e passa por Maquiavel, atribuindo ao civismo comunitário um papel tanto mobilizador quanto criador de um quadro de referências comuns sobre a realidade.

Não se apóia exclusivamente no discurso jurídico-formalista, nem atribui importância exagerada à arquitetura organizacional do poder político (aparato estatal).

A liberdade garantida pelo direito (liberdade – passiva - negativa) não garante a participação dos cidadãos nos negócios públicos; pois a cidadania como "intitulação de diretos" define o indivíduo como personalidade apta para fruir de bens e serviços, mas não como personalidade apta para o auto-governo.

A capacidade que os indivíduos possuem de participar do processo de decisão social, comunal e política é criada por mecanismos de "treinamento social" (R. Dahl).

3.3   – Grupo social religioso

A tradição das comunidades centradas na igreja remonta à fase anterior a era republicana moderna, quando a assistência social era prestada exclusivamente pela igreja, só deixando de assistir aos necessitados quando após as reformas do Estado promovidas pelo Kaiser Guilherme I da Alemanha em 1878 foi retirado da Igreja e adjudicado ao Estado todo o sistema previdenciário que passou a atender mediante contribuição tributária obrigatória de todos os cidadãos para o Estado suprir as viúvas, os órfãos, os idosos, os inválidos e incapazes para o trabalho.

Bismarck, Primeiro Ministro de Guilherme I, instituiu um sistema de previdência social — o primeiro da história contemporânea — que lhe atraiu o apoio de amplos setores operários.

Até então, as Igrejas tinham um papel social agregador e orientador das relações sociais, servindo de cartório para registros civis, escrituras, casamentos, além de suas funções seculares de cuidar das almas e das esperanças dos desiludidos.

Em torno das Igrejas a proto-sociedade foi se

concretizando nos EUA dos colonos, foi por causa da perseguição aos protestantes na Alemanha e no Reino Unido que os imigrantes formaram a sociedade americana, tendo sido o núcleo político fundamental das instituições sociais e políticas da América do Norte.

3.4 – Grupo social familiar

A função da família por demais óbvia constitui ainda o único núcleo social básico para a organização que assume totalmente a subsistência e a constituição e a construção do indivíduo e sobre a qual todas as demais instituições derivam os direitos e deveres de modo totalmente solidário das obrigações e expectativas sociais, cobrindo amplamente todas as demandas e atribuições e de onde partem todas as ações e projetos individuais, indiscutivelmente, e ainda não foi substituída em seu papel constituinte da estrutura social e política, formal, material, emocional, civil, estrutural, formatadora do caráter e receptora das expectativas coletivas das mais includentes e variadas instituições.

Da família partem todas as premissas de comportamento social, todos os problemas e todas as respostas aos problemas coletivos concernentes aos indivíduos. Por omissão ou pela ação a família define os caminhos básicos por onde caminha a comunidade.

Numa escala hierárquica de poder no Estado existe uma distinção entre as instituições públicas, estatais e privadas que são essenciais para a formação da estrutura do Estado, entre estas se situa a família, que vem a ser o núcleo básico onde o indivíduo faz um primeiro aprendizado para a vida e, principalmente, onde pode apoiar-se enquanto prepara-se para assumir o seu próprio controle, ou autonomia, no mundo adulto; mas para esta instituição funcionar bem é preciso que alguém proveja o sustento econômico, intelectual e psicológico-afetivo, abrigo e alimentação para que todo o tempo do iniciado seja despendido totalmente no aprendizado para a vida, período este que é muito importante para a sociedade, pois o aprendizado é para a sociedade antes de ser para o indivíduo, como diria Aristóteles, e constitui-se numa longa e insubstituível fase de investimento durante a qual não existe qualquer garantia de retorno para os provedores ao final deste investimento, e quando isto ocorrer, quase sempre os resultados, se promissores, não retornam para o provedor na forma de dividendos, aliás, este não deve ser a recompensa esperada e, muito provavelmente, o provedor tem um elevadíssimo altruísmo que está sedimentado na cultura e tradição desta instituição chamada família sem o qual ela não poderia cumprir a sua função e os membros não poderiam cumprir os seus papeis, e, a julgar pelo seu longo sucesso e longevidade de milhares (milhões?) de anos de existência a família tem certamente um longo futuro.

Aqueles que têm um elevado grau de compreensão deste processo e da ideologia familiar conseguem maior sucesso na criação dos seus filhos; já os provedores egoístas têm dificuldades muito maiores em compatibilizar as suas expectativas com relação à integração familiar, causando enormes frustrações para si mesmas e grandes prejuízos sistêmicos, pois precipitam o processo de entrada de indivíduos no mercado de trabalho antes que eles tenham plena capacidade para poder oferecerem a sua contribuição ao sistema de divisão assimétrica do trabalho social através de uma mão-de-obra melhor preparada e mais produtiva.

Para evitar que este comportamento seja perpetuado através de gerações é preciso quebrar este ciclo vicioso de egoísmo sistêmico e isto geralmente acontece naquelas sociedades afluentes onde os indivíduos que demonstram dificuldades em manter uma vida conjugal produtiva, que exige de plano uma enorme disposição altruística para repartir também o poder com o seu cônjuge e investir fundo no relacionamento onde o único retorno esperado é a satisfação pessoal de ver realizado os projetos de seus afetos.

Qualquer outro desejo de obter vantagens pessoais certamente será o começo de uma crise que trará prejuízos e riscos sistêmicos, causados pelas rupturas do pacto e da unidade familiar trazidas pelas quebras da coesão e da ideologia da sociedade conjugal e familiar nucleada.

Se é verdade que a família é o núcleo da sociedade então a família é o núcleo básico do Estado, então temos de admitir que o altruísmo é a base do sistema social, por isto apóia-se explicitamente ou tacitamente neste princípio do altruísmo, a despeito disto existe uma grande dificuldade para transpor este comportamento para fora do núcleo familiar, o máximo que se pode encontrar é uma cooperação entre indivíduos mediada por uma ou outra instituição criada para este fim, onde as pessoas congregam-se para obter vantagens que seriam muito difíceis de forma individual ou egoísta.

Diz a Teoria da Transição, Thompson (1929) e

Nortestein (1945-48)1, sobre a evolução histórica da família, que a modernização tecnológica tem afetado as relações de trabalho e os papeis sociais dos membros das famílias e que estas mudanças alteraram o tamanho, estrutura e composição da família e o papeis tradicionais de chefe de família, dos status dados pelos fatores de idade, sexo e importância do trabalho no lar.

Ou seja: pela teoria da transição fatores como os da evolução da família estariam ligados aos argumentos de que a medicina tem aumentado a longevidade, e a queda da mortalidade, que estariam sendo compensadas ou ajustadas pela queda da natalidade em cerca de 30%, juntamente com a diminuição do tamanho médio da família, em contraposição ao argumento de que, seguindo a teoria da convergência, estariam as famílias dos países pobres convergindo para o padrão de família nucleada pequena adequando-a ao modelo de famílias do primeiro mundo em contraposição às famílias tradicionais grandes do terceiro-mundo. Assim a variável demográfica crescimento ou diminuição da família é variável dependente de:

i)   mudanças na estrutura da família,

ii) na tecnologia,

iii) no progresso social e econômico,

iv) e não porque a mulher tenha diminuído a prole por necessidade de ingresso no mercado de trabalho.

---

[1] Apud SOUZA, Guaraci Adeodato A. de. A Hipótese da Convergência: Uma Ilusão de Ótica. In: ***VII Encontro Nacional de Estudos Populacionais.*** São Paulo: ABEP, 1990. Anais, v.1.

a) família nucleada;

b) prole pequena;

c) modelo uniforme de família; seriam estas as falsas hipóteses sobre a consequência da...

d) diminuição da população em geral.

Diz a Teoria da Convergência que as famílias do terceiro mundo estão aderindo aos padrões que as famílias do primeiro mundo hoje representam: menores, com papeis intercambiáveis não ligados ao sexo, idade e tradição, com novos valores determinantes do status como renda e educação, em lugar de idade e tradição do chefe paterno ou materno.

A função e dinâmica da família têm sido sustentadas até o momento como o locus onde o indivíduo inicia o processo de afirmação de sua personalidade, onde trava os primeiros contatos com outros semelhantes e onde lhe são sinalizados os primeiros elementos de socialização e de sociabilidade, onde o indivíduo pode buscar o apoio para a sua preservação e sobrevivência, interação social e suporte para o seu desenvolvimento social, econômico e intelectual.

A família tem sido alvo de demandas para as quais ela tem sido forçada numa tendência adaptativa em função das respostas que lhe são demandadas pelo meio ambiente moderno onde são sinalizados alguns marcos perceptíveis de mudanças dos padrões de comportamento ditados pelas novas necessidades dos indivíduos membros das famílias, ditados pelas novas demandas do também ambiente social em mudanças constantes e contínuas.

Talvez não seja a família a principal

responsável pelas funções que lhe são atribuídas pelas novas demandas, mas à falta de uma nova / outra instituição que ainda não existe, então estas novas funções lhe são atribuídas, demandando da família um novo desenho e novas dimensões multilaterais, multiculturais mais flexíveis, mas, estas novas funções exigem novas habilidades dos seus membros, novas formas participativas e nova estrutura formal e informal para atender a estas novas funções.

Talvez, num futuro não muito distante, tenhamos de conviver com estilos de padrões de relacionamentos familiares em rede (network) onde à estrutura relacional binária convencional representada pelo modelo de casal homem-mulher adicione-se uma variação nova ao modelo casal homem-mulher com novas configurações relacionais múltiplas onde um homem relacione-se com várias mulheres ao mesmo tempo, onde uma mulher possa relacionar-se com vários homens simultaneamente, ou em momentos assíncronos, e, onde também muitos homens possam relacionar-se com muitas mulheres ao mesmo tempo, ou de forma assíncrona, formando um condomínio conjugal, onde o exame de DNA deixe de ser prova criminal e passe a ser um componente obrigatório para a identificação regular de paternidade e origem, para que o indivíduo possa requerer para si a identificação consanguínea que lhe daria acesso aos direitos derivados desta consanguinidade, ou, para a sua identificação com a sua origem e trajetória para acesso aos bens sociais e econômicos garantidos pela tradição e pelo direito sobre o patrimônio familiar compartilhado e hereditário.

É possível que uma nova forma de propriedade privada seja adicionada à variedade existente, onde um grupo de proprietários possa desfrutar de bens em condomínio compartilháveis, onde, por exemplo, cinco ou seis vizinhos comprem cinco ou seis tipos diferentes de automóveis e cada um dos consortes possa utilizá-los em rodízio, obtendo cada um a vantagem de poder usar dos carros como se fosse simultaneamente proprietário de todos eles, e de nenhum em particular, coisa que atualmente só os milionários podem fazer que é dispor de uma variedade de bens à sua disposição. Isto seria mais assimilável e administrável num condomínio matrimonial.

É na formulação dos novos atores, agentes e dos papeis correspondentes que recairá toda a discussão sobre a flexibilização, polivalência e abrangência destes papeis e funções sociais em virtude das novas demandas familiares, ou sociais que repercutem na estrutura da família.

O que acontece é que, no momento, estamos todos confusos sem sabermos direito os limites das novas atribuições dos papeis e das habilidades que sejam requeridas pelos atores membros da família moderna, onde a tradição ainda não foi de todo abolida ou transcendida na direção do novo desenho da estrutura familiar.

A polivalência dos velhos-novos papeis permite que o papel de filho seja compartilhado ao mesmo tempo com o de pai ou mãe, em muitos casos, e o de mãe seja ao mesmo tempo o de filha e avó, e isto não surpreende a ninguém mais, pois são ditadas pelas circunstâncias dadas, assim, arranjos, os mais diversos, podem coexistir no tempo e espaço nas situações as mais diversas, fugindo da padronização circunstanciada pela expectativa ditada pela tradição com relação ao que fora tido como papeis dos membros de uma família estruturada nos valores tradicionais de sexo, idade, parentesco e capacidade / dependência econômica.

As regras tradicionais fundadas na instituição do casamento e hierarquia parental patrilinear ou matrilinear, juntamente com as regras morais que regulam o comportamento sexual e as relações entre os membros do grupo familiar, centradas no casamento, traduzem uma linha de sucessão hereditária na divisão e acesso ao patrimônio, estimulando a solidariedade e regulando ou mediando, na medida do possível, os conflitos interfamiliares.

Mas, o mais distintivo da instituição família é que ela conjuga os seus membros de forma compulsória o que não garante de forma alguma a coesão entre os seus membros que estão circunstancialmente unidos ou reunidos de forma involuntária exceção feita ao núcleo formado pelo casal. A única ideologia a uni-los é a ditada pelas regras tácitas da coligação consanguínea cuja relação é desconstruída e reconstruída nos esforços contínuos despendidos por cada um dos membros para manterem-se unidos em torno da ideologia consanguínea.

Para isto contribui ou atrapalha o longo processo de convivência durante o qual neste período as relações familiares são desconstruídas e reconstruídas num processo contínuo de aprendizado e compreensão entre os membros para que este esforço seja recompensado pela solidariedade que cada membro pode extrair desta convivência.

Para reforçar o ethos familiar a sociedade e as leis restringem e reforçam a autoridade dada à família, tanto de forma comissiva como na forma de incentivos morais e sociais de forma a preservar os valores atribuídos aos papeis e funções dos membros e das famílias, respectivamente, ao comportamento permitido e proibido, como são os casos do incesto, homossexualidade, aborto, abandono dos filhos menores, exploração sexual ou econômica dos menores, pré-condições para assumir certos papeis como o casamento, a maternidade ou paternidade, número de filhos, o uso da violência e da privação como exercício de controle e de autoridade, ou, procriação fora do casamento ou sem o amparo e a assistência dos genitores.

A evidência de que estas regras desempenham um papel vital na manutenção da unidade familiar vem da constatação de que a obtenção do ideal da composição da família é um fenômeno completamente aleatório, daí a importância da estrutura familiar fundada na tolerância e na ideologia da consanguinidade uma vez que somente 6,2% dos casais conseguem garantir um planejamento familiar efetivo em acordo com as suas pretensões precisas, os outros 93,8% experimentam pelo menos um evento não planejado (como, por exemplo, no planejamento do nascimento dos filhos, quase sempre são eventos aleatórios, indesejados, fortuitos, quer seja na ocasião dos nascimentos, na quantidade e no gênero dos filhos), o que os obriga a aceitarem a alteração nas suas expectativas de família idealmente planejadas2. Isto comprova cabalmente que a demografia não condiciona a mudança da estrutura familiar moderna, ao contrário, as mudanças na estrutura familiar é que determinam as mutações demográficas como um todo.

3.5 – Grupo social ocasional

Dentre todos os grupos dissecados até aqui cabe um pequeno adendo aos pequenos grupos ocasionais, como, por exemplo, quando se embarca em uma aeronave em companhia ocasional de dezenas de outras pessoas anônimas, estabelece-se antes, durante e logo após o vôo um pacto de social tácito entre os que vão organicamente e solidariamente compartilhar o mesmo meio-ambiente, e sem que combinem entre si repartirão e compartilharão as despesas de manutenção, investimentos e o mesmo ar no interior da aeronave estando muito mais dependentes um do outro com nunca poderiam sequer imaginar, cogitar ou perceberem, de seu comportamento depende até mesmo a sobrevivência e o bem estar para a conclusão da viagem com sucesso.

Assim vários exemplos assim constituídos podem ser considerados neste aspecto onde aderimos aos grupos formados sem a nossa intervenção e temporariamente temos que agir em total cooperação durante um curto espaço de tempo.

A única preparação que nos dá respaldo para estas ocasiões é a nossa formação e subsidiariamente a obediência às regras institucionais que coercitivas e coatoras são

---

2 BONGAARTS, J. *Formación de la Familia*: Eventos no Planeados. In: Ensayos Sobre población y Desarrollo. Bogotá : CCRP, 1983. Apud Souza loc cit. p.47.b

eficazes apenas se acatadas voluntariamente, e isto depende exclusivamente de treinamento social.

A rua é um espaço aberto não-estatal pertencente às esferas pública e privada, acessível e aberta onde pessoas podem renovar e ampliar o seu círculo de contatos sociais e reposicionarem-se socialmente. O ingresso e o recesso de membros é uma constante, ocorrendo de maneira informal e aleatória, sendo esta a sua principal característica, oferecendo espaço para a construção das preferências e da reafirmação, confirmação ou negação das qualidades presumidas pelo círculo familiar, onde a verdadeira prova das qualidades e defeitos é verificada neste seu teste definitivo, onde os grupos formam-se e desfazem-se ao sabor das conveniências sociais, com agregação dos pólos de lideranças multipolarizadas.

Ao contrário da rua outros grupos de instituições prezam pela seleção dos membros por algum critério de similitude e afinidade ou de contingências desde o critério da proximidade física como num condomínio residencial ou de férias, como por afinidade de preferências como num clube de equitação, onde, ao contrário da rua, existe uma estrutura formal de poder e controle dos membros, com um líder escolhido através de processos objetivos, onde cada um tem que dar compulsoriamente a sua contribuição para que a instituição possa realizar os seus objetivos e atender as expectativas dos seus membros, ou seja, este grupo de instituições é organizado para fornecer o altruísmo compulsório, onde os seus membros para obterem vantagens nesta associação só necessitam cumprir as suas obrigações estatutárias e regimentais, por isto estas instituições gozam de grande estabilidade, os relacionamentos assim regulados entre os seus membros tendem a ser mais duradouros, o risco é menor de descontinuidade nas relações em função das expectativas serem quebradas em função de atitudes egoístas predatórias que são exemplarmente desencorajadas, as regras de ascensão e de acesso aos privilégios são rigidamente estabelecidas, as disputas acirram-se nas fases de mudanças de direção para voltarem ao normal após as mesmas, ao contrário na rua podem ocorrer disputas perpétuas pelo poder uma vez que este procedimento não está sujeito a regras formais e qualquer um pode desafiar o líder que a todo instante despende muito esforço para manter-se no topo.

4 – A competição (status social)

A competição por status social foi já explicada no item que trata da solidariedade social que é o resultado da pesquisa de 20 anos efetivada por Robert Putnam que esgota amplamente as possibilidades de conhecimento sobre as consequências da constituição e da construção da confiança coletiva a qual leva muito tempo de gerações para ser construída e solidificada e leva algumas horas para se abalada e destruída. Os grandes adversários são os migrantes e os eventuais forasteiros, arrivistas sociais e invasores.

Em uma sociedade solidificada não se cogita de disputas por status social vez que cada um sabe pela tradição e pela socialização das informações o seu devido lugar, não havendo espaço para simulações, emulações e para blefes.

Em comunidades onde a rotatividade de membros ocorre regularmente, a construção da solidariedade social tem um custo elevado para aqueles membros tradicionais e custo zero para os migrantes e transientes, trânsfugas e aventureiros.

Então toda a disputa acontece neste cenário de incertezas e de estratégias vale-tudo onde as consequências sociais recaem sobre toda a comunidade até que se alcance um ponto de repouso onde se sedentarizam os habitantes ou os membros do grupo por um período relativamente longo, o suficiente para serem aceitas as condições de classe e cessem as disputas por posições sociais.

Assim vencedores e vencidos acatam as suas devidas posições em que cada um sabe devidamente o seu lugar no navio como no Titanic cada classe sabia exatamente o seu lugar.

4.1   – A competição física (agonística, beleza, deficiências)

Dentre todos os aspectos das competições agonísticas que representam as competições não verbalizadas e cuja origem se perde nas organizações sociais primitivas das culturas pré-escritas da humanidade está a competição promovida em função da beleza física.

O conceito de beleza é uma invenção feminina, segundo o filósofo Rousseau, quando da pré-história a fêmea humana criou-a para se distinguir das outras demais fêmeas para prender e chamar a atenção do macho da espécie homo.

Acontece que o macho pré-histórico era nômade e promíscuo. Para o macho toda mulher era igual, sem distinção, qualquer uma servia, a não ser por uma eventual doença ou velhice.

Não havia sido ainda naquela época estabelecidas na cultura e na Biologia a co-relação de causa e de feito entre o sexo, o macho e a reprodução.

Acontecia que as fêmeas, também promíscuas e infieis como os machos, passavam por três ocasiões em suas existências em que precisavam da presença companheira que eram no momento final da gravidez, no parto, e na fase de aleitamento das crias, quando precisavam ser auxiliadas no parto e na fase pós-parto para cumprirem as suas atividades.

Assim a fêmea precisou inventar a família, e consequentemente o amor moral, enquanto o macho somente conhecia o amor físico, sexual, casual.

Então a fêmea inventou a beleza, começando a se enfeitar para atrair o macho e sedentarizá-lo, para ele sempre se lembrar daquela fêmea, mostrar que ela era diferente das demais fêmeas, bonita, usando adornos, cuidando dos cabelos, chamando a atenção para partes do corpo e para a sua identidade que era principalmente o seu rosto, começando assim uma competição com outras fêmeas pela atenção do macho.

As fêmeas passaram a verificar as coisas que atraíam mais os machos em seus corpos para destacá-las, e a esconder as partes consideradas menos atrativas, para criar laços afetivos e morais. Assim for inventado o conceito de beleza.

Que engenharia!

A mulher inventou a família, o amor moral, a beleza, a monogamia, o ciúme, para manter a exclusividade e a fidelidade do macho através do afeto.

A mulher vivia em uma situação privilegiada na era pré-tecnológica, quando o trabalho significava quebrar pedras com marreta, não como o é agora, quando se trabalha atrás de um teclado de computador ou num caminhão com câmbio automático e direção hidráulica que até um tetraplégico consegue dirigir.

A mulher inventou o machismo para o macho nem desconfiar que era ele o escravo do trabalho: caçar, matar, fazer tudo pela família em troca da glória, caso contrário, não mereceria o título de macho forte, valente, poderoso.

4.2   – A competição intelectual invertida (quando o melhor é ser o pior / expertise nos esportes, nos jogos, nas artes)

A sinestesia da competição é a separação, e traz como consciência a consciência social de quem está do lado perdedor, principalmente, que é o lado da maioria, e quem fica do lado ganhador ou vencedor, que é o lado da minoria.

Então, o adjetivo, o único que existe em todas as línguas e dialeto da humanidade se refere ao aluno ou à pessoa que se destaca intelectualmente: o nerd (CDF, no Brasil).

Por que será que merece um destaque especial a figura do nerd?

Este estigma pesado que tenha de carregar o indivíduo que se destaca pelas suas qualidades intelectuais superiores, e que sofre todo tipo de bullying e todas as humilhações inimagináveis. Apenas por que o ser humano não aceita jamais ser comparado e ser aceito e tido como inferior.

É da comparação que vêm todos os males sociais, segundo o filósofo Rousseau.

A baixa na auto-estima dos indivíduos decorre de um processo de auto-avaliação no qual, segundo Rousseau, o indivíduo ao comparar-se com os outros indivíduos, só que no sentido inverso ao rousseauniano, ou seja, ao invés de achar-se superior percebe-se na sua condição de inferioridade, (às vezes negando-a tacitamente – complexo de superioridade – sublimação freudiana) daí, como consequência, podem surgir manifestações decorrentes desta auto-avaliação, como, por exemplo, o comportamento agressivo, a indiferença, a apatia a marginalidade social, o bullying.

Neste caso, os antecedentes do indivíduo podem determinar o seu grau de frustração como, por exemplo, se um indivíduo desceu de status social, ou se ele teve boa escolaridade percebe esta mudança como uma regressão social, uma derrota, ao contrário do indivíduo que veio de um meio depauperado economicamente com baixa ou nenhuma escolaridade não vai sentir a sensação de perda de valores como no caso anterior.

A escola comparece como o tipo de instituição que mereceu de Gramsci uma atenção classificada por ele como um dos aparelhos privados de hegemonia mais importante do Estado capitalista, juntamente com os mídia, pois nada do que seja ensinado ali na escola acontece sem a orientação, supervisão, fiscalização e condução ideológica do Estado, é o lugar ideal para o cultivo e formação de ideias, por isso, certamente, o Estado sempre se vale deste espaço para fazer a doutrinação dos cidadãos-clientes-alunos de acordo com a ideologia oficial.

É na escola que, principalmente, ensaiam-se novas ideias sobre o próprio sistema de divisão do trabalho social, sobre a ideologia do Estado. A sua função, enquanto centro de reflexão, é questionar sobre tudo principalmente sobre a função e ideologia de seu papel no / para o Estado, e, se nesta busca pela verdade científica acontece o choque com a ideologia oficial a escola recebe do estado a reprimenda para retornar aos parâmetros oficiais.

A estrutura hierárquica da escola é extremamente centralizada e autoritária, cabendo ao corpo discente acatar as deliberações dos dirigentes e mestres, onde cada um sabe perfeitamente a sua posição e status, onde o poder é bem visível, como em uma empresa. Abaixo da diretoria e dos órgãos colegiados de carreira vem o corpo discente, ao nível, ou pouco abaixo dos funcionários do corpo burocrático.

4.3 – A competição econômica

Costuma-se estabelecer um liame entre a pobreza e a marginalidade. O que se sabe sobre esta relação, afinal?

A pobreza, dentre outras causas possíveis e prováveis, pode também resultar da falha intertemporal na divisão assimétrica do trabalho social. Esta será a causa examinada agora.

Desde quando o início do Renascimento no Século XII trouxe o fim do modo de produção feudal (foi o fim também da Idade Medieval), então a nova divisão assimétrica do trabalho social nacional e internacional criou uma interdependência entre os indivíduos e entre países que resultou da especialização e da disponibilidade de fatores de produção, tendo como principais consequências os ciclos das crises de superprodução e de concentração capitalista relativa e absoluta, em outras palavras, foi o início da continentização3 da economia e do comércio em particular.

Estas condições e características do capitalismo trouxeram ao mesmo tempo enorme prosperidade para um número muito mais aberto de pessoas, causando aumento da população, expansão do comércio, aumento das transações financeiras e comerciais, interrompendo o monopólio da riqueza e dos privilégios únicos da nobreza e do clero medievais, mas também trouxeram a miséria em escala nunca antes vista na humanidade.

O acesso a qualquer tipo de bem ou serviço deixou de ser proibido, ou regulado, em função da classe social (servos, nobres e religiosos) ou por conta das tradições e das regras sociais e religiosas que vedavam este acesso à aquisição e uso de determinados bens, serviços, roupas, cores, modelos, lugares, comidas, perfumes, vestimentas e direitos antes proibidos e exclusivos das classes sociais superiores, passando a nova regra da posse, uso, usufruto, direito, acesso, permissão e aquisição de bens e serviços a ser dada apenas pela riqueza e pela capacidade de

---

[3] Aqui não cabe o termo globalização pois que o Velho-mundo desconhecia as Américas e pouco contato tinham com zonas do extremo oriente, Austrália, Indonésia e Japão, quando as grandes navegações aconteciam dentro do Mediterrâneo.

endividamento pessoal.

Ao par desta autonomia e liberdade conquistadas pelos ex-servos e ex-vassalos, os ex-senhores feudais libertaram-se das suas responsabilidades pela garantia da sobrevivência e proteção devida aos seus ex-vassalos e ex-servos, a partir de então o balanço entre abandono e liberdade4, entre a autonomia e empregabilidade passou a ser vital para a sobrevivência e o sucesso dos indivíduos ex-servos.

A cooperação forçada orgânica entre servos do feudo passou a ser substituída pela competição no trabalho fabril, artesanal e manufatureiro capitalista pós-feudal. A eficiência substituiu a obrigação de fazer e o contrato substituiu o pacto de lealdade. O preço (valor de troca) substituiu o valor de uso do escambo marginal ditado pela tradição. A padronização da produção retirou da mercadoria o seu valor intrínseco5 estabelecido pela tradição e pelas guildas substituindo-os pelo valor de troca de mercado livre.

A qualquer um era dado, a partir do renascimento, o direito de enriquecer, junto a esta liberdade a conquista da autonomização e da liberdade capitalista exigiu dos indivíduos mobilidade e flexibilidade de mão-de-obra.

Com o acesso universalizado aos bens e serviços e beneficiado por uma grande elasticidade de oferta de fatores de produção o

---

[4] É preciso distinguir entre o abandono e a liberdade: os ex-escravos foram abandonados pelos seus ex-senhores por causa da determinação da Lei Áurea, não sendo um ganho da liberdade neste caso. Se assim fosse estariam os ex-cônjuges desobrigados de prestação alimentícia por ocasião da liberalização do compromisso do matrimônio que os unia, neste caso, sem a pensão alimentícia seria abandono e não divórcio.

[5] Valor único da peça que era produzida de forma quase artística sem padronização, portanto objetos semelhantes teriam preços e qualidades diferidas.

mercado foi assim construído sobre a liberdade da lei da oferta e da procura, e pelo apotegma da mão-invisível do mercado, cuja base é a utilidade marginal ou subjetiva que cada consumidor percebe nas mercadorias e serviços disponibilizados, e pelo valor de troca de mercado, assentados sobre o princípio da minimização de controle (liberdade) por qualquer dos agentes econômicos sobre as decisões de produzir ou consumir mercadorias.

Entregue os ex-servos às forças de mercado (abandonado pelos seus ex-senhores feudais) instalou-se na sociedade capitalista um novo tipo de desigualdade, não institucional, mas optativa, e com ela a concentração dos fatores de produção de modo aleatório na sociedade onde a sorte, a natureza (abundância ou escassez de produtos naturais, matérias-primas, fontes de insumos), a habilidade, o capital e o conhecimento foram fatores determinantes para a estratificação social. A tradição deixou de ser o único fator determinante da riqueza ou pobreza.

A pobreza é uma doença social que vem perpetuando-se verticalmente, a princípio por que a geração passada não legou uma reserva de capital para a geração presente dar o salto de qualidade econômico; perpetua-se também horizontalmente por que a competição intraclasse entre os pobres é extremamente acirrada reduzindo a possibilidade de cooperação voluntária intraclasse, ao contrário dos ricos que contam com incentivos para uma cooperação espontânea entre eles, maior do que entre os pobres, então o hiato tende a perpetuar-se por que juntos, os ricos aumentam o seu capital econômico e a distância deles para a classe dos pobres.

A pobreza exacerba o individualismo, por isso os pobres seriam mais liberais, mais egoístas e menos solidários porquanto a divisão do espaço econômico entre os pobres é mais exígua, ou seja, os postos e as oportunidades de ascensão econômica e social são proporcionalmente menores, na situação de não-emprego geral (+ de 4% de desempregados), acirra-se a disputa entre os pobres, ou seja, retira a possibilidade de recompensa pela cooperação por causa da escassez de recursos, riqueza, bens e oportunidades de evolução social diante da enorme elasticidade de demanda de postulantes às melhores oportunidades de acesso aos bens, recursos e riquezas, induzindo um comportamento permanentemente agonístico onde na disputa e competição permanente a que estão submetidos: ou o pobre trabalha para ser o melhor, mais produtivo, mais eficiente, ou o pobre trabalha para que os seus competidores pobres fracassem; esta expectativa pessimista ou otimista não muda o fato de que sempre haverá muitos fracassos para poucos sucessos, na perspectiva pessoal, nesta competição intraclasse entre os pobres em busca da saída da situação de pobreza, na melhor das hipóteses, teríamos mais fracassados do que bem sucedidos num mercado de trabalho sem o pleno emprego.

Os ricos seriam socialistas, socializando as suas riquezas para preservarem os seus bens entre eles endogamicamente, porque existe abundância, excedentes de bens e oportunidades, grande elasticidade de oferta de bens sob seu controle, assim os ricos seriam mais democráticos e mais iguais entre si.

Allen6, em seu ensaio sobre a pobreza, lembra na introdução daquela edição que Proudhon publicara em 1846 um livro intitulado "Filosofia da Pobreza", em dois volumes, aos quais Karl Marx lhes respondeu violentamente com um pequeno livro intitulado "A Pobreza da Filosofia", deixando claro a sua concepção ideológica com relação à pobreza como sendo um problema de distribuição de poder assimétrico, onde ambos autores afirmam que "toda riqueza é resultado de roubo, furto ou desvio moral, econômico, social e político", o que nos remete à preocupação sobre a culpabilidade ou responsabilidade da divisão da sociedade em classes sociais, mas não explica a origem da diferenciação social que leva à formação da divisão da sociedade em classes sociais: ou seja, porque uns enriquecem e outros não?

Allen lembra os mais frequentemente mencionados itens da cultura da pobreza, conceituando os pobres como tendo um forte sentimento de fatalidade, crença na sorte, forte orientação no imediatismo do presente, curta perspectiva temporal, impulsividade, inabilidade em adiar a recompensa pelo esforço de planejamento para o futuro, sentimento de inferioridade, aceitação da agressividade e da ilegitimidade, aceitação do autoritarismo. Estes são sintomas e não as causas da pobreza.

A falha vertical na divisão do trabalho social familiar que leva à perpetuação da pobreza origina-se da descontinuidade da divisão no

---

⁶ ALLEN, Vernon L. The Psichology of Poverty: Problems and Prospects. In: ALLEN, Vernon L. *Psychological Factors in Poverty*. London: Academic Press, 196_. Cap.19. Parte 6. pp.367-391.

tempo intergeracional nas tarefas de construção do patrimônio familiar que não são conduzidas, concluídas e consolidadas entre as sucessões de gerações, resultando na insuficiência legada por herança pelos membros mais velhos da estrutura familiar aos mais novos, que ao elidirem a herança para a geração seguinte interrompem o processo de acumulação capitalista, exponenciando o esforço necessário para a superação da etapa posterior, em alguns casos inviabilizando completamente a potencialidade de desenvolvimento da geração seguinte.

A falha horizontal na divisão do trabalho social familiar decorre quando a divisão no espaço das tarefas de construção do patrimônio familiar não é completada na mesma geração pela falta de investimentos na formação escolar e profissional (capital humano) dos membros dependentes da família quando na fase de crescimento os cuidados na formação são negligenciados pelos pais ou responsáveis pelos seus dependentes menores, sendo este esforço substituído pelo imediatismo, privando a geração presente de capital intelectual e cultural para construírem e constituírem o patrimônio das próximas gerações, destruindo ela própria as suas expectativas de prosperidade.

4.4 – A competição sexual (intra-gênero, inter-gênero, extra-gênero)

O trabalho até duzentos anos atrás era considerado apenas um castigo para os pobres e analfabetos, não dava status, como hoje procuram as mulheres, as quais viviam como verdadeiras rainhas-dos-lares, na maior mordomia..

Com tantos percalços no caminho de seu sucesso no mundo do trabalho fora de casa, o gênero feminino, a par de descobrir a selvageria da competição do mercado de trabalho, tem ainda a enfrentar como segmento minoritário, todos os preconceitos e expectativas minimizantes do mercado profissional a respeito de sua capacidade ainda não cabalmente testada e comprovada em áreas onde está ausente, fugindo do labor duro, aí sim, protegida pela tradição e pela religião do trabalho penoso, como hoje ainda acontece nas áreas duras nas competições automobilísticas, motociclísticas, nas áreas de engenharia, enfim nas áreas consideradas "duras" da atividade humana, como sempre o fez ao longo da História, quando o macho do gênero quebrou pedras e fez guerras com a marreta e a espada, antes das invenções da britadeira e do míssil guiado, computadorizado, furtivo e inteligente.

A maior invenção da evolução social do gênero humano foi a descoberta (ou a invenção) da divisão do trabalho social, e na era industrial a invenção da divisão de tarefas como na linha de montagem industrial e na área de serviços.

O que quer dizer: antes o ser primitivo tinha que ser polivalente, fazendo de tudo em autonomia completa. Tinha que construir a casa, pescar, caçar, fazer as suas ferramentas, suas roupas, enfim fazer de tudo.

Os homens criaram praticamente tudo que existe na vida moderna sem permitir a menor participação feminina, pois criaram, entre outras coisas: Submarino; Navio a vapor, Aviões, Automóveis, Computador, Sistemas Operacionais digitalizados e analógicos para dispositivos computadorizados, Helicópteros, hélice, Geradores elétricos, Solda Elétrica, Caneta esferográfica, Máquina de lavar roupa, Secadores de cabelo, Chapinha elétrica de cerâmica, Microprocessadores de semicondutor, Inventaram / descobriram a Física, Química, Matemática, Geografia, Filosofia, Psicologia, Medicina, Antropologia, Sociologia, Astronáutica, Astrologia, Engenharias e enfim, não deixaram quase nada para as mulheres descobrirem ou inventarem.

Este fato deixou as mulheres em uma situação tal que as mesmas encontram-se sem condições de provarem as suas qualidades intelectuais por total ausência de qualquer oportunidade deixada pelos machos.

Justamente no momento de inflexão da civilização quando praticamente todo o trabalho físico humano poderia ser totalmente substituído pelas máquinas informatizadas, por robôs, como por exemplo, já existe há mais de duas décadas indústrias sem uma única alma, como uma manufatura de trem-de-pouso de avião na Austrália, sem uma única presença humana e comandada à distância do centro de controle da Boeing em Seatle nos EUAN.

Outros exemplos: a sonda interplanetária Curiosity pousou no solo do Planeta solar Marte automaticamente, por que os sinais de rádio que poderiam controlá-la não chegariam até lá em Marte em tempo de monitorar e controlar o pouso, monitorar as manobras de aproximação e pouso por que estes sinais viajando à velocidade da luz chegariam até a espaçonave com um atraso de mais de dezesseis minutos!

Até mesmo o trabalho intelectual humano está em crise. Os sistemas informatizados geradores de códigos de programação substituem e em alguns casos superam a capacidade humana intelectual e física, como os sistemas chamados "case" que projetam, escrevem, documentam, analisam e implantam sistemas de informação inteiros computarizados em rede codificados em PHP, Oracle, Java, Javascript, melhor do que quaisquer analistas de sistema ou programadores de computadores humanos poderiam fazer!

Os sistemas CAD Computer Aided Design fazem projetos de engenharia com uma perfeição que ultrapassam o mais habilidoso projetista humano.

O que quer dizer isso?

Significa que após mais de oito mil anos de total ausência do gênero feminino durante as conquistas científicas e tecnológicas da civilização humana, quando o gênero macho esteve no protagonismo criando todas as ciências e 99,9999% das patentes, invenções e descobertas científicas e históricas, obras de arte, então diante da total ausência do outro gênero, que a tudo assistiu passivamente, vem, agora, no apogeu da hegemonia da humanidade ante o advento das máquinas inteligentes, para disputar o espólio da decadência da humanidade, traduzido na conquista que se resume em trocar o papel de dona de casa pela ocupação fora de casa.

Seria essa a maior conquista das mulheres? Trocar a estreiteza da perspectiva da vida do lar pela estreiteza da perspectiva da vida subordinada ao sistema escravagista disfarçado em trabalho assalariado para a maioria dessas novas trabalhadoras?

Para alcançarem os melhores postos do

mercado de trabalho que realmente contam e que valem a pena nessa troca de ocupação, a mulher precisaria ser o seu próprio patrão, ou ser o seu próprio chefe. No primeiro caso, precisaria de capitais financeiros; no segundo caso precisaria de capital intelectual. Nos dois casos precisaria optar entre a maternidade e a atividade profissional fora do lar.

Assim, a maternidade ficaria adiada ou excluída, ou suprida por outra mulher: a babá doméstica.

Não existe nenhum fato histórico comprovando a teoria de que o homem oprimiu historicamente a mulher deixando-a neste estado de total submissão e desimportância tal que precisou de um movimento internacional de libertação e liberalização. Seria uma conspiração machista transnacional e intertemporal em uma época em que os continentes nem se imaginavam as existências uns dos outros, nas eras de pré-colonização (pré-colombiana) e pré descobrimentos das Índias, Américas e África.

Já faz tempo que com a divisão de tarefas podemos contar com a solidariedade orgânica-mecânica social que nos permite trocarmos tarefas/produtos por uma remuneração financeira, e encontrarmos produtos e serviços ofertados no chamado mercado, embora não seja algo muito justo e equânime (por isso que Karl Marx e outros filósofos protestaram ante as injustiças desta divisão assimétrica do trabalho social, mas isso é tema para muitas guerras e discussões, incluindo Jesus e tantos outros críticos da estrutura social).

Nesta divisão do trabalho social percebemos que não existem papeis dispensáveisdesimportantes, socialmente, embora as remunerações sejam desiguais, socialmente falando o trabalho do gari é tão importante quanto o do médico, ou do engenheiro ou do administrador.

A sociedade moderna depende de funcionar interdependentemente e para isso precisa de cada um destes papeis sociais, vide que na década de 80 do milênio passado a Alemanha teve que incentivar a entrada de migrantes turcos para suprir a falta de mão-de-obra de carpinteiros, garis, encanadores etc... que eram bem-vindos e tinham muito boa remuneração por total falta de interesse dos bem escolarizados alemães que não desejavam ocupar estas funções de baixo status social mas, que não existindo tornavam a vida social impossível na Alemanha.

Quando a mulher percebeu que deveria tentar mudanças na sua participação na divisão do trabalho social incluindo o papel de mãe aí sim colocou em risco a sobrevivência da espécie humana pela primeira vez em toda a existência do gênero humano.

Sem a mãe e dona-de-casa o macho não teria tempo para inventar tudo que a tecnologia hoje oferece para a sociedade.

Não sei como será no futuro, mas parece que Karl Marx tinha razão: mesmo que você pagasse o mesmo salário para o médico e para o gari, ainda assim teríamos médicos e garis, mas a sociedade teria que para isso aprender a rever o status social dos garis e dos médicos.

Para mim acontece isso com relação ao papel social atual da mulher: elas apenas querem ser valorizadas em seus papeis de mães e de esposas, nada mais, por que o mundo do trabalho não é nada glamuroso, a não ser para os chefes, empresários e para algumas profissões bem vistas, e isso vai ser percebido pelas mulheres que trabalham fora, mas, tarde demais e então o prejuízo estará feito e será difícil voltar atrás aos papeis sociais anteriores à revolução feminista, como algumas sub-trabalhadoras operárias já descobriram dolorosamente.

A mulher domou e domesticou as plantas, os animais e o macho, civilizando-o e educando-o, tornando o macho o ser humano que hoje ele é, através da criação da religião, do culto aos mortos, da moral, do amor moral, da estética, dos rituais sociais e da Ética.

A mulher criou a civilização humana.

4.5   – A competição territorial

Os grupos seguindo a linha filosófica-sociológica de Thomas Hobbes, e posteriormente teorizada pela Teoria dos Jogos de Simonsen constroem uma estratégia dominante da associação territorial para enfrentar com expectativa de maximizar os ganhos sobre outros grupos. Assim pode ser vista a tendência de grupos mais sedentarizados se colocarem diante de proteção de interesses.

De acordo com a teoria de Putnam, as solidariedades orgânica e mecânica têm um custo enorme social e sociológico para ser acumulada, e facilmente é desconstruída na comunidade.

Estabelecer as bases físicas do domínio territorial subentendida na comunidade constitui um dos fenômenos antropológicos mais estudados e mais antigos em agrupamentos humanos, começando pelo aspecto da sobrevivência, depois vem o aspecto da proteção e defesa, e finalmente os aspectos sociológicos, políticos, sexuais, patrimoniais, familiares.

Estabelecer um perímetro imaginário tem o efeito de reacender sentimentos atávicos perdidos na memória remota pré-histórica do animal humano que revive os ancestrais e realimenta os instintos mais selvagens de sobrevivência e de luta que já deveriam ter sidos suprimidos na era da civilização teleinformatizada.

4.6　　– A competição étnica

Sectarismo no Mundo

O sectarismo pode ser visto convenientemente, por uma mente politizada, como uma das muitas metamorfoses do epifenômeno do poder.

Poderia referenciar a Jean Jacques Rousseau e a sua teoria da misantropia social. Porém, não é preciso se dispor desta muleta antropológica, pois que a competição entre os indivíduos, institucionalizada ou não, como nos nacionalismos, por exemplo, é preexistente à sociedade.

Assim temos imanentemente uma sociedade clivada entre grupos, classes, castas, e comunidades dividida pelos mais diversos e estranhos critérios.

Estes critérios fazem parte de qualquer projeto de pesquisa sócio-etário-sexual-étnico-escolar-local de uma bem estruturada metodologia de pesquisa social humana.

Qualquer pesquisador consciente e metódico quer saber a que categoria pertence as pessoas do grupo cuja opinião se quer analisar ou avaliar.

A divisão do trabalho social que precede à civilização humana obedece às regras tradicionais de separação das atribuições, privilégios e deveres naturalmente e principalmente obedecendo aos critérios etário, de gênero e de experiência.

As divisões típicas de análise de estratificação de categorias analíticas estatísticas em um projeto de pesquisa geralmente caem nos seguintes âmbitos:

- Idade;

- Sexo;

- Escolaridade;

- Local de residência;

- Profissão;

- Preferências:

- f.1) Política;

- f.2) Esporte;

- f.3) Laser;

- f.4) Cultura:

  o f.4.I) Musical;

  o f.4.II) Literatura;

  o f.4.III) Artes.

- Estado civil;

- Opção sexual;

- Etnia;

- Renda, patrimônio, riqueza;

- Religião;

- Naturalidade;

- Nacionalidade;

- Tipo físico:

- n.1) Alto / baixo;

- n.2) Gordo / magro;

- n.3) Feio / bonito

Subhipótese:

"Aceitação da existência de raças diversas entre os humanos não somente contraria a biociência como também atenta contra a ética e a lógica, baseados em aspectos superficiais como a cor da epiderme a diferenciar profundamente indivíduos de uma mesma espécie: não existe nenhum critério adotando assim este tipo de diferenciação para as espécies na natureza multicoloridas existentes, aceitar o termo raça para referir-se a cor da pele é um atentado ao bom senso".

Hipótese:

"Os sectarismos aceptivos exclusivamente excludente, ou, exclusivamente includentes, não-institucionalizados constituem o que se quer caracterizar e denominar com o constructo teórico de Racialização."

A disputa pelo poder subentende a competição por privilégios na sociedade. Da divisão do trabalho social distribuem-se as obrigações e deveres, juntamente com os privilégios que constroem a categoria da hierarquia social, institucionalizada ou não.

Sectarismo Organizado

Quando a hierarquia social se apresenta de modo organizada, orgânica, esta hierarquia social vem apoiada e justificada através de ideologia, constructos teóricos científicos, pela tradição, instituindo uma ordem
hierárquica social determinada que caracteriza o comportamento social dos grupos e classes na sociedade. Uma vez reunindo-se os grupos e classes em comunidades homogêneas, e constituindo-se estas comunidades em nações, e tomando-se estas comunidades, grupos, classes e nações em um nível mais includente teremos as representações étnicas transnacionais, transgrupais e transclassistas.

Sectarismo não-organizado

No sectarismo não organizado, ou seja, não institucionalizado sem regras perceptíveis e coercitivas, observamos o fenômeno do preconceito. Então, o que caracteriza e distingue o preconceito de outras formas do sectarismo é o grau de institucionalização do sectarismo na sociedade.

Assim, deixam de serem caracterizados como preconceitos os sectarismos institucionalizados, tais como:

a) O Nazismo;

b) O Sionismo;

c) O sistema de castas;

d) A Apartheid;

e) Comunidades Quilombolas;

f) Comunidades Indígenas;

g) Sistemas de Cotas Raciais;

h) Sistemas de Cotas Gerais.

A disputa pelo poder tem sido a principal

questão dos sectarismos nas sociedades: grupos, classes, castas, comunidades, etnias, nações, e, a sinestesia desta disputa originou o preconceito de racialização ou de cor da pele como queríamos demonstrar nesta dissertação. Esta é a hipótese principal desta tese.

 O Racialismo no Brasil

As elites intelectuais, principalmente aquelas localizadas em Salvador e Recife, procuravam respostas teóricas às desigualdades regionais crescentes que surgiam entre o Norte e o Sul do País, em decorrência da decadência do ciclo econômico da produção e comércio do açúcar do Nordeste e da prosperidade trazida pelo no ciclo econômico de produção e comércio do café do Sudeste. Quem não se lembra do temor de Nina Rodrigues ao ver se desenvolver no Sul uma nação de cor de pele branca, enquanto a mestiçagem da cor da pele campeava no Norte?

O constructo teorizado do racialismo defendido na Escola de Medicina da Bahia, da tese Eugênica de Galton, ou na Escola de Direito do Recife, de feição lombrosiana, entrincheirado nos estudos de medicina legal da criminalidade e das deficiências físicas e mentais evoluiu, principalmente no Rio de Janeiro e em São Paulo, em direção às doutrinas menos positivistas que desaguaram em diferentes versões do fenômeno do "embranquecimento" da cor da pele, subsidiando desde as políticas de imigração, que pretendiam a substituição pura e simples da mão-de-obra de pessoas de cor da pele negra por imigrantes europeus, até as teorias de miscigenação da cor da pele que pregavam a lenta mais continuada fixação pela população brasileira de caracteres mentais, somáticos, psicológicos e culturais da etnia de cor de pele branca, tais como podem ser encontrados em escritos de Batista Lacerda (1911) e Roquette Pinto (1933), dissolvendo a negritude secular.

A racialização corresponderia às características genotípicas dos indivíduos, e a cor da pele corresponderia às características fenotípicas dos indivíduos, daí a diferença marcante do racialismo brasileiro para o do tipo norteamericano que instituiu a lei dos 3/4 de carga genotípica, consubstanciado na lei do sangue. Por este critério a cor da pele passa a ser uma característica distintiva secundária, relativamente, pois para os norteamericanos vale mais a origem dos ancestrais do que a cor branca de um indivíduo.

Entretanto, Pierson já encontrou aqui, entre os acadêmicos brasileiros, uma história social do indivíduo de cor de pele negra, desenvolvida por Gilberto Freyre, que fizera da miscigenação e da ascensão social dos mulatos as pedras fundamentais de sua compreensão da sociedade brasileira. Aqui no Brasil, vale mais a cor da pele do que as características genotípicas, vale dizer, mais a aparência negróide fenotípica. Ou seja, para ser mais explícito, eram fatos estabelecidos, já em 1935, pelo menos entre os intelectuais modernistas e regionalistas, que:

a) o Brasil nunca conhecera o ódio entre etnias, ou seja, o "preconceito racialístico";

b) as linhas de classe não eram rigidamente definidas a partir da cor da pele;

c) os mestiços se incorporavam lenta, mas, progressivamente à sociedade e à cultura nacionais;

d) os negros e os africanismos tendiam paulatinamente a desaparecer, dando lugar a um tipo físico e a uma cultura propriamente brasileiros.

Em outras palavras: se não existia preconceito racialístico entre nós – tal como Blumer (1939) o definia –, existiria preconceito de cor da pele (baseado no fenótipo negróide) – tal como definido por Frazier (1942)?

Ou teríamos apenas preconceito de classe, como queria Pierson?

Lembremo-nos de que o preconceito racialístico é entendido, na Sociologia de então, a partir do paradigma de Herbert Blumer, como fundamentalmente um processo coletivo, que opera pelos "meios públicos em que indivíduos que são aceitos como porta-vozes de um grupo racialístico caracterizam publicamente outro grupo racialístico", definindo, neste processo, seu próprio grupo. Esta é a definição própria de sectarismo legítmo.

Para Blumer, isso equivale a colocar ambos os grupos em relação recíproca, definindo suas respectivas posições sociais. São quatro os sentimentos que, segundo Blumer, estarão sempre presentes no preconceito racialístico do grupo dominante:

a) de superioridade;

b) de que a o grupo racialístico subordinado é intrinsecamente diferente e alienígena;

c) de monopólio sobre certas vantagens e privilégios; e

d) de medo ou suspeita de que a parte racializada subordinada deseje partilhar as prerrogativas da parte racializada dominante.

Diz Florestan:

Surgiu, então, a noção de "preconceito de cor" como uma categoria inclusiva de pensamento. Ela foi construída para designar, estrutural, emocional e cognitivamente, todos os aspectos envolvidos pelo padrão assimétrico e tradicionalista de relação racial. Por isso, quando o negro e mulato falam de "preconceito de cor", eles não distinguem o "preconceito" propriamente dito da "discriminação". Ambos estão fundidos numa mesma representação conceitual. Esse procedimento induziu alguns especialistas, tanto brasileiros, quanto estrangeiros, a lamentáveis confusões interpretativas. (1965, p. 27)

E Oracy:

Considera-se como preconceito racial uma disposição (ou atitude) desfavorável, culturalmente condicionada, em relação aos membros de uma população, aos quais se têm como estigmatizados, seja devido à aparência, seja devido a toda ou parte da ascendência étnica que se lhes atribui ou reconhece. Quando o preconceito de raça se exerce em relação à aparência, isto é, quando toma por pretexto para as suas manifestações os traços físicos do indivíduo, a fisionomia, os gestos, o sotaque, diz-se que é de marca; quando basta a suposição de que o indivíduo descende de certo grupo étnico, para que sofra as consequências do preconceito, diz-se que é de origem. (Nogueira, 1985, p. 78-9)

No entanto, a geração dos anos 1950 e os seus discípulos nos anos 1960 estudaram e discutiram o preconceito de cor da pele e o preconceito racialístico, mas não trataram de racialismo. Isso porque o racialismo era entendido apenas como doutrina ou ideologia política de cunho marxista. A expectativa geral era de que o preconceito existente seria superado paulatinamente pelos avanços e pelas transformações da sociedade de classes e pelo processo de modernização.

Ora, o que muda nos anos 1970 é justamente a definição do que seja racialismo. E isso não muda apenas no Brasil. Nem é produto da geração brasileira de cor negra que estava exilada na Europa ou nos Estados Unidos, como Abdias de Nascimento, como se tal transformação conceitual fosse um fenômeno de imitação e de colonialismo cultural. A mudança é mais abrangente.

No entanto, para contrapor-se a Florestan e à crença dos clássicos da Sociologia europeia, para quem adscrições como racialismo ou sexo não eram funcionais para alocação de posições na sociedade de classes, Carlos vê-se também obrigado a teorizar sobre comportamentos e crenças:

 a) discriminação e preconceito racialísticos não são mantidos intactos após a abolição mas, pelo contrário, adquirem novos significados e funções dentro das novas estruturas e

b) as práticas racialistas do grupo dominante de cor da pele branca que perpetuam a subordinação dos de pele de cor negras não são meros arcaísmos do passado, mas estão funcionalmente relacionadas aos benefícios materiais e simbólicos que o grupo de cor de pele branca obtém da desqualificação competitiva dos de cor de pele não brancas.

(Idem, 1979, p. 85) (sectarismo)

Na verdade, o mal-estar dos antropólogos com a progressiva substituição dos estudos sobre relações racialísticas, nas quais os sujeitos e os significados culturais eram realçados, por estudos de desigualdades e de racialismo, nos quais os aspectos estruturais são enfatizados, já se manifestara antes, nos anos 1980, quando Roberto DaMatta (1990), em um artigo que se tornou famoso –A fábula das três racializações –, utilizando-se fartamente do estruturalismo e das categorias de Dumont, procura explicar "o racialismo à brasileira" como uma construção cultural ímpar e específica.

A noção de pessoa e as relações pessoais, no dizer de Roberto, substituem, no Brasil, a noção de indivíduo, para recriar, em pleno reino formal da cidadania, a hierarquia racialista, ou a hierarquia da cor da pele, ameaçada com o fim da escravatura e da sociedade de castas.

 A proposta teórica de DaMatta é clara: o Brasil não é uma sociedade igualitária de feição clássica, pois convive bem com hierarquias sociais e privilégios, é entrecortada por dois padrões ideológicos, ainda que não seja exatamente uma sociedade hierárquica de tipo indiano.

De fato, ao tratar a "democracia racialista" como uma "superestrutura", os marxistas acabaram por reforçar a ideia de mito, transformando-a em construto supraconjuntural, própria a uma formação social, muito próxima dos processos de longa duração, de que nos fala Braudel.

Deixaram de investigar o modo concreto e as circunstâncias em que tal ideologia foi produzida por intelectuais, que procuraram dar sentido a práticas e experiências também concretas, respondendo a conjunturas bem específicas.

Por outro lado, os críticos estruturalistas do marxismo e dos ativistas de cor de pele negras acabaram por aderir ao mito, vendo nele permanências e características estruturais típicas da sociedade brasileira, reforçando, mais uma vez, a sua a-historicidade.

A brancura de pele simbólica tem sido utilizada pelas elites para justificar os seus próprios privilégios e para excluir a maioria dos brasileiros do exercício de seus direitos de cidadãos plenos e iguais. (Reitner, 2003, p. iv)

Na teoria sociológica podemos optar por construir uma teoria sistêmica ou estrutural do racialismo, como queriam os marxistas; ou podemos tratar as relações racialistas como um processo de classificação social teoricamente autônomo da estrutura de desigualdades de classe, como sugeriram Blumer (1965) e Blumer e Duster (1980).

No entanto, em qualquer dos casos é certo que a reprodução das desigualdades racialistas se articula com três diferentes processos:

 1) primeiro, com a formação e atribuição de subjetividades, algo que não se limita apenas ao racialismo, mas que atinge praticamente todas as formas de identidade social;

2) segundo, com o processo político de organização e representação de interesses na esfera pública; e

3) terceiro, justamente por se tratar de uma estrutura, há que se ter em mente os constrangimentos institucionais que funcionam

como verdadeiros mecanismos de retroalimentação.

A concepção teórica que se oculta nas políticas inclusivas discriminatórias das cotas do Estado Brasileiro pretende institucionalizar o racialismo para desconstruí-lo, pois que o preconceito é mais sediço do que o racialismo.

Para o preconceito de racialização ser combatido exige que se utilize das mesmas táticas das guerrilhas. Não pode ser derrotado pelas armas e estratégias formais e convencionais, exige ação de comandos que atuam no limite extremo da legalidade, utilizando-se também da clandestinidade, das ações secretas, e da extrema discrição.

Para fugir a este cenário é necessário trazer o preconceito à luz do dia, para poder-se combatê-lo com os instrumentos sociais, políticos e legais não-excludentes e não discricionários. Ao sair da clandestinidade deixa de ser preconceito racialista o sectarismo étnico.

Conclusões:

A etnia não passa no teste de categoria analítica estratificada em qualquer evento estatístico científico, por que tal grupo não existe na sociedade, por que tal categoria se existisse seria qualificada em pesquisas de opinião e comportamento como um grupo ao qual se pudesse assinalar determinada expectativa de comportamento, quer seja político, de consumo, de categoria econômica, de qualquer outra categoria institucional.

Algumas apercepções se assinalam a grupos étnicos com o associar de determinado destaque atlético aos grupos de desportistas de pessoas de pele negras, ou de desassociá-los, como no caso do atletismo e da natação, respectivamente. Tais situações são bem estudadas e é perceptível que a situação financeira não permitiu que grupos de pessoas de cor de pele negras tivessem acesso aos clubes com piscinas, da mesma forma que as atividades cotidianas que reivindicam longas e contínuas caminhadas por total carência de acesso ao transporte motorizado legaram aos grupos de pessoas de pele negras um treinamento compulsório para os esportes atléticos, e o que é melhor para formar grandes futebolistas do que uma rua, quatro pedras para simularem as balizas, uma bola de bexiga ou de meia e está formado o clube de futebol mais comum das comunidades pobres. Aquilo é um celeiro de futebolistas, de graça.

Quando você se associa a uma organização de etnia percebe que as diferenças de interesses são mais divergentes do que as convergências, e que a única coisa em comum ali entre os membros participantes é a cor da pele. Então os membros destas organizações ficam sem discurso, por que os seus membros não se conseguem entender entre si mesmos porque não existe entendimento algum ali, por que a cor da pele não distingue um grupo social. Não existe consistência ideológica, pois cada membro possui interesses difusos, complexos, diferenciados, ali estão presente todas as demandas não-atendidas da sociedade que não desaparecem por que as pessoas ali reunidas têm a mesma cor da pele: estão os deficientes físicos, as mulheres, os desempregados, os pobres, os doentes, os homossexuais, os ricos, os jovens, os velhos, enfim ali existe um micro mundo todo cheio de reivindicações e nenhuma delas é exclusiva nem inclusiva na perspectiva da luta dos indivíduos de cor de pele negras.

Ao constituir uma organização para auxílio dos indivíduos de cor de pele negras os seus organizadores logo percebem o tamanho das expectativas que despertam no grupo e logo percebem que os mesmos problemas que ali se ajuntam estão presentes em qualquer grupo social indistintamente da cor da pele.

Aquele é apenas um grupo da sociedade cheio demandas que deixariam qualquer político atarefado pelas próximas gerações e que a cor da pele é apenas mais um detalhe, daí o fracasso das organizações de auxílio étnico em atender e satisfazer às expectativas pseudo-exclusivas ou pseudo-peculiares de seus membros, fundadores e dirigentes.

5 – Agressividade (desafios / auto-afirmação)

Outro resquício do ser primitivo recende ainda no homo moderno que um dia serviu com reafirmação do macho e do líder de bando sendo ainda difícil distinguir o verdadeiro líder do chefe na sociedade contemporânea, quando as disputas pré-idade da pólvora eram resolvidas ao fio da espada.

Ainda assim, persistem os atavismos e comportamentos simbólicos de dominação culturalmente representados nas culturas apesar dos progressos humanos e das revoluções, as fronteiras e as conquistas de pontos comerciais ainda são hoje o resultados das guerras, da Guerra Fria, da Guerra da Coreia, da Guerra do Vietnam, da Guerra do Iraque, da Guerra do Irã, da Guerra dos Seis Dias, enfim, foram as guerras, quiçá a violência legal do Estado, quem modelou as fronteiras e as relações internacionais inquestionavelmente no mundo e segue as suas consequências geopolíticas, o comércio das armas ainda movimenta toda a economia norteamericana sendo a sua locomotiva econômica e a principal fomentadora de novas tecnologias para todo o mundo ocidental.

Foram as guerras que nos deram o chip de computador, o computador, a energia atômica, o motor foguete, o motor a jato, o radar, a internet, os satélites de comunicação, enfim não existe área da tecnologia que não tenha sido financiada diretamente ou indiretamente pela guerra ou pela preparação para a guerra.

Por enquanto a paz nada pariu de importante para a humanidade. Querer que os jovens sejam pacíficos seria contrariar totalmente o comportamento e todas as expectativas colocadas na mesa do complexo industrial-militar que sustenta a nossa cultura belicosa.

Somos todos filhos da violência lega e legítima Estatal.

5.1 – Quebras de regras religiosas

O maior tabu a ser quebrado em uma sociedade profundamente religiosa seria desafiar as regras consideradas sagradas e intocáveis de um conjunto de ordens religiosas formadas de uma complexa e pesada hierarquia cujo acesso depende de uma grande preparação e longa espera para se galgar cada degrau de acesso aos patamares superiores da ordem religiosa.

Nesta ordem valem a permanência, tradição, confiabilidade, preparação, irmandade, solidariedade, o conhecimento e a dedicação extrema.

Exceto para os ateus, a igreja exerce um poder intenso sobre a vida das pessoas, a sua doutrina exige fé e devoção dos fiéis, cujo tamanho e poder dificilmente é igualado, pois a sua base repousa sobre uma ideologia irrefutável, conquanto nada se pode provar nem infirmar sobre as suas teses com provas científicas sobre temas como vida após a morte, esta zona de penumbra da experiência humana que preocupa as pessoas diante da promessa ou da possibilidade de alcançarem a vida eterna na passagem para a morte, quando se lhes seduz a oportunidade de atingirem o supremo poder de igualarem-se ou de aproximarem-se do criador supremo, do maior de todos os poderes, que de acordo com cada religião recebe um nome, mas que em todas elas representa a figura do criador do universo.

Este é um poder jamais igualado, jamais superado, nem pelo próprio poder do mal simbolizado pela face oposta dialeticamente ao poder do bem, então estas doutrinas exigem dos fiéis o estrito cumprimento dos deveres da doutrina, os quais se baseiam no princípio da solidariedade, da prestação de contas individual e da salvação pessoal, do dever pessoal para com o próximo, enfim, do ideal de busca de salvação da alma para alcançar a vida eterna.

Este fascínio e poder da igreja vêm de muito tempo e pouca chance existe dele vir a ser substituído pela ciência, mesmo porque a sua ideologia procura conformar os princípios e costumes modernos, com o ambiente, com a cultura e com a época onde atua.

Embora o poder espiritual advenha desta promessa de que possa igualar-se ao supremo criador na eternidade, existe a grande preocupação de ampliação e evangelização de novos fiéis, pois é sabido que quanto mais numerosa a seita mais poderosa ela se torna; além do fato de ser hegemônica, que por si só já seria um atrativo poderoso para novas adesões, é mais conveniente pertencer ao lado mais forte mais conformado com o sistema social, cultura e das instituições oficiais, em geral.

Participar de uma instituição tão poderosa enseja o acesso à hierarquia da igreja, que convenientemente dispõe de alguns espaços em sua estrutura para serem preenchidos por leigos devidamente preparados para evitarem-se desvios dogmáticos e doutrinários perigosos e experiências que possam alterar os padrões estabelecidos, cujo zelo de tão rigoroso torna esta instituição a mais conservadora e reacionária dentre todas as que disputam o espaço vital de poder dentro do sistema social.

O poder é bem visível, e incontestavelmente pertence ao ministro religioso, pastor, padre ou bispo, que por sua vez recebeu o seu mandato do supremo criador, o qual nenhum fiel ousa contestar ou duvidar, ao confiar as suas vidas acreditando piamente nele, pois é o porta–voz das verdades eternas, não há como contestá-lo sem por em dúvida a própria fé, que é o princípio e fundamento único para o crente pertencer à religião, pois tudo o mais se subordina à fé e suas doutrinas.

Em nome da fé o crente submete-se à qualquer prova e privação, até mesmo de seus impulsos instintivos mais elementares e naturais, todos os desejos, vontades e pensamentos submetem-se à vontade do criador na pessoa de seu representante terreno, que é o ministro sagrado, a despeito das fronteiras, da língua, da raça, e acima de quaisquer compromissos com o estado, mesmo que haja discordâncias de princípios ideológicos entre estas duas instituições em algum ponto da doutrina.

O fiel, acreditando estar do lado deste poder superior, a tudo pode superar e isto de fato lhe dá uma enorme sensação de poder, o que faz com que os cargos e as posições disputáveis na hierarquia leiga e secular sejam muito cobiçados, porém a organização meticulosa da igreja estabelece regras bem rigorosas e claras para garantir a tranquilidade e a oportunidade de ascensão dentro de sua hierarquia, que em troca funciona com harmonia em virtude da enorme estabilidade de que gozam os ministros, que geralmente não são eleitos pelos membros da seita.

Entende-se que sejam escolhidos e abençoados pelo ser supremo, por isso em todos os eventos oficiais e sociais das vidas dos fieis ele estará sempre presente para abençoar, benzer, afastar o mal, confortar, curar, orar, interceder, perdoar, castigar, afagar, consolar, advertir, ensinar, orientar, zelar, enfim, tutelar a sua vida inteira e trazer sempre presente a sombra do seu poder para abrigar e agasalhar os seus fieis.

O poder, de fato, é o maior atrativo da igreja, ele é capaz de afastar dos fieis todos os seus maiores temores e aflições; quem poderia vencer o maior de todos os temores, aquilo que seria o fim de tudo, que é a própria morte?

A igreja garante uma esperança de outra vida para além desta, o que seria o maior de todos os triunfos sobre a natureza. É no sofrimento da doença que novamente vem a fé garantindo a cura para todos os males; é confortante saber que acima da ciência médica existe a esperança da cura pelo poder da fé, e, se a cura mesmo assim não acontece, das duas premissas uma será verdadeira: ou não se teve fé o bastante para acreditar no restabelecimento, ou então foi do desígnio divino que o desfecho aparentemente desfavorável se desse contrariamente às expectativas.

A doutrina da igreja é bem estruturada, tão bem que pelas palavras sagradas se propõe e se comprovam as proposições, ela é capaz de acomodar toda e qualquer situação por mais paradoxal que possa parecer, pois é na palavra que se busca a explicação e justificação do que está assentado na doutrina, do qual não se exige necessariamente intelectividade nem se busca a clareza da racionalidade do tipo cartesiano, apenas a aceitação pela fé.

O que a igreja de fato oferece é o produto fé, através da fé se tem acesso ao poder que está acima de qualquer força ou poder do universo, um poder que, obviamente, está acima e além de qualquer governo, acima das superpotências, da energia atômica ou qualquer outra que venha a ser descoberta ou criada pelo homem.

Está além do tempo, tamanho poder é um atrativo inigualável, e para estar com este poder e para obtê-lo é muito simples, basta ter fé, reconhecer este poder e submeter-se incondicionalmente a ele, para isto tem que despir-se de todo o orgulho e altivez com o criador do universo, o qual se faz cercar de insondáveis mistérios, nada pode alcançá-lo, ninguém o viu ou tocou.

Nem se sabe ir até lá, pois está longe a salvo inatingível, portanto, se a sua existência não pode ser comprovada também a sua negação, pois faltam provas e meios para ambas proposições, e, para aqueles que ainda não decidiram aceitar estas verdades perenes e supremas existe a ameaça de castigo eterno e irrevogável, por isto a fé não admite meio-termo, quem não é a favor já está contra compulsoriamente.

As fronteiras e os lados estão bem delineados e claros, além do mais, durante a vida inteira o fiel terá de renovar a sua fé, pois o que tudo ouve e vê está em toda a parte, tornando impossível enganá-lo ou subestimá-lo.

É de fato um poder extraordinário cuja força reside apenas na ideologia da fé, na crença, na devoção e na expectativa de acesso a esse poder, como prêmio final, após a morte, é claro, porque a salvação da alma é individual, e não coletiva, o egoísmo permanece como insumo e o altruísmo como subproduto da salvação da alma.

5.2   – Quebras de regras familiares

Romper as primeiras barreiras da dependência para inaugurar a sua autonomia é este o primeiro e arriscado passo do adolescente e do jovem, ao fazê-lo coloca em risco, o iniciado, a sua única referência de sobrevivência e apoio: a sua família e os seus laços umbilicais com o mundo e com a sociedade. Trata-se de uma ousadia que beira a (insensatez) estupidez!

Mas, a linha que separa o louco do herói é delimitada pelo resultado da ação. Se bem sucedida vira herói, se mal sucedida é apenas mais um insensato.

Este é o momento de risco como acontece com quase todas as espécies animais que vivem em bandos e grupos, o momento do ritual de passagem. Os índios marcam muito bem este momento quando as meninas ficam por até dois anos sem verem a luz do sol, segregadas de todos os membros da aldeia, desde quando os seus peitinhos começam a inchar e a menstruação desce. Depois deste longo preparo, elas, as índias vão ser apresentadas à sociedade como mulheres, ex-crianças. Os meninos indígenas aos 11 ou 13 anos percorrem uma longa via crucis suportando até picadas das formigas mais ferozes para provando a sua coragem e autonomia, demonstrando conhecimento dos segredos da sobrevivência na selva para poder adentrar ao mundo dos homens.

Dói crescer, e esta fase de ruptura deixa para trás bem longe no passado a fase da inocência perdida. Acabou a fantasia e a tolerância com pequenas e grandes falhas, decisões tomadas têm dimensão e repercussões para toda a vida.

5.3 – Quebras de regras éticas (bons costumes, boas maneiras)

Chega a hora de testar os limites da tolerância social e as consequentes sanções sociais para as transgressões das regras de conduta não escritas e não explícitas. Estas punições nem sempre são explícitas ou declaradas, quase sempre levam às censuras pelo olhar, pelo ostracismo, pela marginalização, pela castração social, pela limitação e pela perda de autonomia e de prestígio, pelo constrangimento, pelo ganho de uma alcunha, pelo bullying e até mesmo pelo opróbrio.

Crimes ocultos são os alvos certeiros de três

instituições seculares da cultura humana: a religião, a moral e a tradição.

Decifrar estes códigos às vezes requer uma percepção discreta, e, os atos indiscretos são percebidos discretamente e censurados também discretamente. Isto coloca muitas vezes o transgressor em situação tal que o mesmo é ao mesmo tempo juiz, algoz e vítima de seus próprios atos-falhos secretos ou indiscrições frente às autopunições.

5.4   – Quebras de regras legais e institucionais

Faz parte obrigatória destes novos ritos como já discutido anteriormente, e esta fase não deve ser minimizada e nem estigmatizada pelos pais e responsáveis, é a parte dura do crescimento e o preço é a tolerância de quem é mais maduro e mais experiente com aqueles que estão descobrindo os limites das regras sociais de tolerância.

6 – Conquistas amorosas

As primeiras conquistas amorosas envolvem um jogo de poder. Humildade e paciência deveriam ser os principais pilares estratégicos para o sucesso, mas, ao contrário, a necessidade de auto-afirmação intelectual, social, etária, econômica, e de gênero tratam de formarem o cenário de batalha por status e perde-se rapidamente a visão do objetivo inicial que seria a sedução do parceiro para o jogo sexual-sentimental.

Tudo vira questão sentimental e emocional, e a razão logo abandona as decisões e táticas de conquista, tudo vira uma questão pessoal, logo transformada e confundida como um ponto de honra. Quando existe um conflito de interesses a civilização humana aprendeu com o Direito

Romano há 2,8 mil anos que se necessita de um intermediador que seja respeitado por ambos os lados, e que a solução deve ser uma mistura das aspirações de ambas as partes antagônicas, como numa sentença judicial com as atenuantes e as agravantes, parcimoniosamente dosadas pelo juiz decisor. Acreditar que ambos sairão sozinhos do conflito de interesses requer elevadíssimo altruísmo e isso é muito raro nos seres humanos. A não ser que exista o amor verdadeiro.

Este é o ponto em que se deve falar alguma coisa sobre o amor.

Pessoas pensam que é fácil falar sobre o amor. Quem ama perdoa; quem ama se submete; quem ama é capaz de sair de si mesmo e se colocar no lugar do outro, na verdadeira alteridade. Para amar é preciso humildade, altruísmo, doação e inteligência emocional. Não significa anular-se, ao contrário, para amar outro é preciso primeiro amar a si mesmo e ter a capacidade de reconhecer os seus próprios limites, imperfeições e fazer o mesmo em relação ao outro.

Para amar é necessário compreender e aceitar o outro sem tentar mudá-lo, sem querer formatá-lo.

A linguagem do amor faz com que os parceiros sem o perceberem irem aos poucos ficando muito parecidos como se um fosse o espelho do outro, num sincronismo gradativo aonde as vozes vão convergindo para o mesmo timbre, aquele que tem a voz mais aguda vai gradativamente engrossando-a, e aquele que tem a voz mais grave vai afinando-a, aquele que tem o sotaque mais acentuado vai suavizando-o, e vice-versa, começa um jogo

inconsciente de espelho, um imitando o outro
sem o perceberem, após alguns anos eles mal
se falam com a voz, conversam tudo apenas
com o olhar e se compreendem tão bem que já
nem se buscam nas palavras inúteis, a sua
comunicação gestual e corporal é totalmente
perfeita. Você já deve ter visto isso num casal
de velhinhos, não é!

6.1   – Insegurança

É preciso nunca esquecer que não se deve
cobrar do adolescente comportamento adulto,
isto traz insegurança, porque o seu
temperamento por vezes assusta, parece tratar-
se de um pequeno adulto, mas ainda não tem a
experiência que tempera os arroubos juvenis, e
não conhece o limite e a diferença entre o medo
e a cautela.

A crítica contínua e a punição constante apenas
geram insegurança, não o ajuda a crescer em
conhecimento e segurança.

A sua autoconfiança vai se deteriorando
instantaneamente com os insucessos na
mesma velocidade em que cresce a sua
autoconfiança com os sucessos obtidos.

Parece que todo adolescente é bipolar, na
verdade esta fase é bipolar: vai de um extremo
ao outro de cautela/ousadia, da
admiração/desprezo, da apatia/euforia, todo é
bastante exagerado.

6.2   – Inexperiência

Experiência não pode ser abreviada, comprada,
emprestada, adquirida como uma mercadoria,
experiência é função de tempo, oportunidade,
tentativa, coragem para ousar e experimentar,
não pode ser herdada nem copiada. Nada
como o tempo para resolver este pequeno

inconveniente.

A Experiência somente tem valor quando estamos preparados para extrairmos o melhor dela, e para isto muita informação, conselhos e paciência, devem ser somados à humildade, curiosidade, e autocrítica naturalmente subordinar os preconceitos e o orgulho à ditadura da realidade e das limitações naturais de cada indivíduo e de suas circunstâncias e condicionantes.

6.3   – Ignorância

Deixar de conhecer ou ignorar regras, circunstâncias, fatos, leis, teorias, conceitos e atos apenas atestam a falha a que os humanos estão submetidos diante das limitações imanentes a nossa natureza, mas pode-se evitar preparando-se para tomar decisões pesquisando, perguntando, informando-se e se nada disso for possível fazer previamente, a cautela será a melhor conselheira nestas ocasiões, e a idade tenra não é a parceira constante nem ideal da cautela, jovialidade e cautela repelem-se mutuamente.

6.4   – Medo de rejeição (timidez)

O medo da rejeição é a co-variável relacionada à falta de informação da situação dos jogadores anteriormente no jogo das decisões, como diz a Teoria dos Jogos, num jogo de informação incompleta as probabilidades de sucesso aumentam a medida em que o jogo se repete, porque dificilmente alguém vai desconhecer as estratégias e táticas de um jogo ou de um jogador repetido.

E a experiência não passa da repetição do jogo ou dos jogadores. Somente um jogador irracional vai errar ou ser derrotado duas vezes pela mesma jogada do adversário. Jogos repetidos criam expectativas.

Assim, a experiência funciona como uma proxi das expectativas diante de novas circunstâncias.

De maneira um pouco distorcida, outras proxies que aproximam a repetição de um jogo, e que não são necessariamente uma repetição de um jogo ou de um jogador, nos servem de molde para a tomada de decisões diante de situações novas para as quais temos de basear as decisões sobre uma aproximação de situações semelhantes ou análogas, mas não necessariamente iguais. Neste caso apelamos para os hábitos, para os preconceitos e para os estereótipos. Sem a intenção de dar qualquer valoração moral, mas apenas para constatar que moralmente válido ou não nós nunca deixaríamos de tomar uma decisão diante do desconhecido sem uma referência heurística.

6.5 – Disputa do poder (guerra dos sexos)

A disputa pelo poder é o elo central da luta pela sobrevivência e da evolução das espécies, sejam elas dos reinos animal, vegetal, monera ou celular.

Não se pode ignorar que esta disputa pelo poder deu início à construção das sociedades, comunidades, grupos sociais construindo uma hierarquia social baseada nos status que nada mais são do que representações sociais reconstruídas no imaginário coletivo de disputa de poder.

É um embate sem um desfecho, pois, quem está no poder tem de lutar para mantê-lo e quem está fora dele luta para conquistá-lo.

Mulheres e meninas pobres podem muito bem

se interessarem intensamente por rapazes e por homens pobres e sem recursos. Faz parte da luta pelo poder. Um homem ou um rapaz muito rico podem por outro lado proporcionar status econômico e perspectiva de segurança material, ou até mesmo atrair aquelas mulheres e moças conhecidas por Maria-cofrinho, prontas para despejarem o golpe do baú e se livrarem da relação com um baú repleto de ouro tão logo possam interromper o relacionamento lucrativamente.

Mas por que outras Marias-caixinhas interesseiras se ligariam a um homem pobre?

Os homens não sabem disso, mas as mulheres muito lindas podem se interessar por um homem ou por um rapaz pobre exatamente por ser pobre porque é desta situação de inferioridade econômica que vem a possibilidade de obrigá-lo a se esforçar muito para manter o interesse da companheira, e este pobre coitado estaria totalmente sob o domínio da sua beleza, ou seja, torna-se o seu escravo, muitas vezes este se submete totalmente aos seus caprichos satisfazendo a essa volúpia autoritária de dominação e se ela for muito bonita nem interessa muito se a sua vítima masculina é bonito, o importante é que existe um pacto de submissão estreito rigidamente estabelecido de que ela permanecerá ao seu lado enquanto ele fizer tudo o que ela desejar, a qualquer custo, tirando o sangue impiedosamente deste coitado até que um dia, exausto ele possa perceber o quão pouco vale este sacrifício para possuir esta beldade que tanto o escraviza.

Por outro lado um moço ou um homem rico pode deixá-la bastante insegura por causa do enorme temor que a riqueza provoca devido a insegurança de ser facilmente trocada pela avalanche de mulheres que se deixam levar pelo deslumbramento, fascínio e atração que exerce a riqueza de seu parceiro sobre as mulheres, e que para isso a parceira teria que lutar muito para manter o interesse do parceiro todos os dias e mostrar que ela é sempre a melhor que ele pode conseguir, ou atormentá-lo dia e noite com acusações falsas e até verdadeiras de traição e infidelidade, que um dia podem acabar em mais frustração amorosa.

6.6   – Regras para um relacionamento afetivo

a) Acreditar no amor;

b) Sinceridade;

c) Tomar decisões depois de muita reflexão e consulta;

d) Acreditar e amar muito a si mesmo;

e) Ser desprendida e saber perdoar pequenas falhas;

f) Nunca acusar o parceiro por mais que pareça que esteja coberto de razão;

g) Reconhecer os erros.

h) Não contar tudo que acontece de ruim em seu relacionamento;

i) Não mentir.

j) Sair de si mesmo e tentar colocar-se no lugar do outro.

k) Nunca agir por impulso negativo ou positivo.

l) Guardar para si e para o parceiro a sua vida íntima.

m) Não contar para os amigos da sua felicidade com a vida a dois.

n) Não compartilhar com amigos as suas diferenças e desavenças.

o) Discutir os seus planos e compartilhá-los com o parceiro.

p) Confie no seu parceiro sem cobranças e sem fazer vigilância sem o seu conhecimento.

7 – A Primeira Vez

Se você é um rapaz saiba tomá-la com energia em seus braços ou em seu leito no dia em que ela resolver se entregar. Mas se você é uma moça abra-se totalmente no dia em que resolver se entregar, não tente ser a dominadora a não ser que ele peça, pois as anatomias e fisiologias dos seres masculinos precisam estar preparadas e túrgidas para proporcionar o momento de prazer, e isso depende muito das fantasias de dominação masculinas que nunca estão vinculadas à passividade e à apatia.

O papel do macho presume pró-atividade e iniciativa, como reflexos do caçador nostálgico e reflexo dos antepassados Neandertais, cromagnon, talvez um tanto reptiliano, mais bruto e selvagem do que civilizado e suave, vigoroso, forte e viril.

Não espere muitos carinhos de um homem em seu leito ao contrário os machos são promíscuos, impacientes, objetivos e imediatistas, o que sair um pouco disso deve ser visto como uma dádiva divina ter um macho carinhoso e suave em seu leito, não é esta a expectativa natural.

7.1 – O primeiro encontro

Ninguém deve esperar muito deste momento, é melhor ser surpreendido pelo inesperado do que frustrar-se diante de tantas decepções e fantasias criadas pelas grandes expectativas mirabolantes.

Não fale o tempo todo e dê espaço para ouvir. Se o outro não diz nada não o provoque pedindo que fale nem fazendo um interrogatório. Deixe que os assuntos fluam sem ansiedade e sem a preocupação em preencher os silêncios. Durante os silêncios observe seu parceiro de frente sem agressividade apenas com brandura e mansidão, sorria sempre com calma e alegria.

Lembre-se durante as conversas de deixar espaços a serem preenchidos nos próximos encontros, deixe muitas coisas começadas, informações incompletas e inconclusivas, deixando muitos suspenses e interrogações para serem preenchidas nos próximos encontros. Não satisfaça a todas as curiosidades e perguntas. Diga que com o tempo ela ou ele irá compreender à medida em que novas informações e cada vez mais consistentes e profundas lhes cheguem ao conhecimento, paulatinamente, e gradativamente.

7.2 – O primeiro beijo

Não se sinta obrigado a este momento, olhe o seu rosto e se o momento pedir vá até a metade do caminho e deixe que ela faça o restante do percurso do beijo.

Um beijo é o mais importante para uma mulher: o primeiro beijo. Ela irá se lembrar disso para o resto da vida. Se for o primeiro beijo da sua vida então se prepare para comemorá-lo junto com ela 50 anos depois!

Não precisa ser um beijo perfeito tecnicamente,

vocês terão muito tempo para se adaptarem um ao outro. Não existe uma fórmula perfeita para o beijo, vai depender muito do gosto do parceiro ou da parceira. Existe o beijo longo daqueles de tirar o fôlego, existe aquele beijo curtinho e forte, existe o beijo melado, com muita libação, existe o beijo onde a língua procura o céu da boca, existe o beijo onde as línguas se tocam e existe o beijo onde os lábios se juntam e se sugam mordiscando levemente a parte carnuda inferior dos lábios.

Descubra qual é o estilo da outra pessoa, e isso pode levar tempo, e se você for mesmo muito indiscreto pergunte-lhes a sua preferência e se for mesmo atrevido peça para que ela lhe descreva ou lhes ensine o seu estilo preferido de beijar, isso não significa de modo algum uma falha, gafe, mico ou um escândalo. Sinceridade é a coisa mais importante em um relacionamento, não banque o professor nem o senhor sábio, pois isso em nada ajuda ou acrescenta no relacionamento.

7.3   – A primeira relação amorosa sexual

A primeira relação não pode ser um ato casual ou acidental, deve ser planejada e combinada com o parceiro, precedida de um pedido para exames clínicos com os seus respectivos ginecologista e urologista, devem marcar um local discreto e adequado para este momento, e deve ser uma decisão totalmente consentida e madura.

Se nenhum dos dois tiver alguma experiência prévia sexual devem pedir conselhos a pessoas experientes e de sua confiança. Não espere momentos de êxtase, pois a falta de prática e a falta de intimidade costumam cobrar muito neste momento.

Mas se um dos dois tiver larga experiência anterior e o outro não deve o mais experiente ter muita paciência e não desanimar ou criticar o parceiro, pois poderá estar perdendo um grande amante depois que os dois estiverem no mesmo nível, e a primeira vez não deve ser vista como um teste, ao contrário deve ser a oportunidade de preparar ou de moldar o seu parceiro de acordo com a sua preferência sexual, lembrando que todos nós temos nossos tabus sexuais, e que nada é tolo demais para ser desconsiderado, nunca se deve impor ao parceiro as suas próprias fantasias se o outro acha que é degradante ou humilhante, alguma prática heterodoxa mesmo que lhe seja peculiar e mesmo que seja uma tara pessoal de vê ser consentida mutuamente.

Pergunte se pode tocá-la ou tocá-lo em suas partes pudicas e íntimas antes de tocá-la, isso pode evitar constrangimentos difíceis de serem posteriormente remediados, um toque no lugar errado, e, lá se vai embora todo o respeito e amor que poderiam existir entre o casal.

Não faça movimentos bruscos e agressivos principalmente movimentos que possam ferir ou causar sensações dolorosas, evite posições consideradas ofensivas ou humilhantes, mesmo se o parceiro pedir para falar palavrões ou lhe bater não atenda a esses pedidos, depois converse com ele ou ela a respeito dos limites que ela ou ele aceita para um sexo com agressões se isso for o desejo do outro.

Não force a barra para ver o outro se exibir para você e se o outro sente vergonha ou timidez com a nudez desvie o olhar e aja com naturalidade como se já estivesse acostumado com aquele corpo nu diante de você.

É a ética, seu estúpido! Este parece ser o grito surdo das pessoas que ninguém parece perceber.

Parece uma coisa antiga e fora de moda, mas nós os humanos não construímos uma sociedade para viver sem ética. A ética é um conjunto de normas e regras não-escritas de comportamento social e a dois que, por exemplo, nos impede de "peidar" em um elevador mesmo que ele esteja vazio, pois sabemos que outras pessoas irão se utilizar dele.

A ética nos impede de cometermos pequenos delitos e crimes invisíveis e ocultos, mas, que deixariam a vida em sociedade bastante insuportável, muitos destes deslizes permaneceriam anônimos e a não ser pela nossa consciência nada poderia proibir e impedir as pessoas de praticá-los.

Não é a punição social e legal que nos impede de fazer algo proibido, é a consciência do social da ética consciente que nos lega respeitar estas regras para as quais as punições são ineficazes.

Quando mentimos para o outro pode o outro não saber que está sento enganado, ou quando beijamos alguém pensando em outra pessoa que poderia estar ali em seu lugar estamos sendo desonestos com quem? A quem estamos prejudicando gastando ali o nosso tempo e esforço enquanto queríamos mesmo estar em outro lugar com outra pessoa e nada nos impede disso a não ser a nossa vontade agora contrariada conscientemente? Quem está sendo o dono da sua vontade realmente: o coração ou o instinto, o sentimento ou a razão? Quem é o dono dessa situação? Quem está enganando ou quem não sabe quem está sendo enganado? Quem é o tolo, aquele que está tirando proveito do encontro ingenuamente, embora não sincero, ou quem está fingindo estar satisfeito, mas na verdade, está sendo acusado pela sua própria consciência do equívoco cometido ou traindo o seu desejo real?

No mundo dos fenômenos, da realidade natural, tudo depende de uma determinação causal. Ora, se o homem é parte da natureza e as ações humanas ocorrem no mundo natural, então suas ações seguem uma determinação causal e o homem não é livre nem responsável por seus atos.

Porém, o homem é essencialmente um ser racional e por isso se distingue da ordem natural, não estando, no campo do agir moral, submetido às leis causais, mais sim aos princípios morais derivados de sua razão, ao dever, portanto. É esse o sentido da liberdade humana no plano moral.

A moral é assim independente do mundo da natureza. No campo do conhecimento, Kant parte da existência da ciência para investigar suas condições de possibilidade; no campo da ética, parte da existência da consciência moral para estabelecer seus princípios.

O objetivo fundamental de Kant é, portanto, estabelecer os princípios a priori, ou seja, universais e imutáveis, da moral. Seu foco é o agente moral, suas intenções e motivos. O dever consiste na obediência a uma lei que se impõe universalmente a todos os seres racionais. É o que Kant chama de imperativo categórico.

PARA ENTENDER O IMPERATIVO CATEGÓRICO

Kant conclui que apenas o ser humano é moral, por ser capaz de atos de vontade. Para ele existe em toda pessoa uma única coisa boa em si mesma, a boa vontade, que está presente em todos os seres humanos, reconhecida pelo próprio senso comum.

A boa vontade é a disposição de todo ser racional de desejar agir, conforme o dever, embora nem sempre ou nunca o consiga totalmente; esta é a capacidade de todo sujeito, distintamente de seu temperamento, de determinar sua ação não por inclinação, mas pela razão, ou seja, a vontade é verdadeiramente moral se regida por atitudes que prescindam da vantagem pessoal, que não seja um bem apenas para si mesmo e ou em busca de uma vantagem pessoal, que Kant chama de imperativo hipotético.

Exemplo: Se queres tirar boas notas nas provas deves portanto estudar. Se não queres encrenca não "fures o olho" do teu amigo. Nestes casos as atitudes são tomadas por conveniência e não por convicção. Para Kant o homem deve agir pelo dever.

Agir moralmente é, portanto transformar o imperativo hipotético em imperativo categórico. Um exemplo proposto por Kant, que segundo Ferrater Mora provém da Fundamentação da metafísica dos costumes: um homem desesperado pelas desgraças ocorridas em sua vida e ainda dono de sua razão se pergunta se não seria contrário a seu dever para consigo mesmo suicidar-se.

Ele investiga então se a máxima de sua ação poderia se converter em lei universal da Natureza. E raciocina do seguinte modo: "provisoriamente adoto como máxima o princípio de que posso encurtar minha existência quando a prolongação desta tenha de me proporcionar maiores males que bens.

Este princípio pode se converter em lei universal da Natureza? Não, porque um sistema da Natureza no qual fosse uma lei destruir a vida por meio do mesmo sentimento que impulsiona a melhora da vida seria contraditório consigo mesmo e não poderia existir como sistema da Natureza".

"age de tal forma que a norma de tua ação possa ser tomada como lei universal" –

Mora, J. Ferrater – Edições Loyola.

- Dicionário Básico de Filosofia – Japiassú, Hilton e Marcondes, Danilo.

- Iniciação à História da Filosofia (dos pré-socráticos a Wittgenstein – M. Danilo – Zahar

Escrito pelo aluno: Isaac Domingos da Silva

Não é o humano guiado pelos impulsos ou pelos instintos e necessidades prementes e insatisfeitas, nada justifica os atos humanos pelos fins colimados por que o ser humano é obrigado a seguir as regras do contrato social que obriga a todos e não exclui ninguém e nenhuma circunstância excepcional e é o fundamento da vida social, sem o qual através da renúncia à violência legítima privada adjudicamos a justiça e a vingança ao Estado para vivermos pacificamente em sociedade. Este é o contrato social por adesão que assinamos assim que recebemos a palmada da vida do parteiro em nossa primeira respiração.

8.1 – Comportamento intra-gênero

Os grupos humanos costumam naturalmente serem isolados pela identidade de gênero: o foram no passado e o são no presente ainda assim constituídos e assim formados e isto é evidente, pois que existe uma barreira natural de comunicação jamais superada entre os gêneros construída e constituída na pré-civilização, quando as fêmeas da espécie e os machos desconhecendo a função do sexo na reprodução humana não reconheciam as suas crias havidas em comum e nem reconheciam as suas parceiras de coabitação sexual como companheiras na vida dentro de uma linhagem decídua, ou descendental, ou parental.

A construção e a constituição dos grupos familiares foram por muitos séculos substituídas pelos grupos de gêneros, principalmente pelo grupo matriarcal matrilinear exclusivo que agrupava as mulheres, seus filhos, suas irmãs e seus parentes da linha matrilinear ascendente e descendente.

Romper a barreira cultural e genética entre os gêneros requer um aprendizado social e não é um processo natural, requer a adaptação da linguagem corporal, da comunicação, da postura e depende de treinamento social.

Homens e mulheres vivem em mundos diversos. Talvez opostos, talvez separados, talvez paralelos.

Cruzar esta fronteira significa uma ruptura de pelo menos 20 mil anos de civilização e culturas vividas divididas por esta linha invisível, que separa os gêneros a começar pelo dimorfismo morfológico-sexual, pelo aspecto e estrutura física, pela fisiologia, pelo temperamento enfim, são duas instituições e dimensões humanas e culturais distintas na sociedade e na natureza embora pertencentes à mesma espécie, mas em quase tudo diferentes.

Assim os gêneros sentem-se mais a cavaleiro quando em suas respectivas baias sociais, assim podem traçar planos, comparar, aprender e testar estratégias de abordagens do outro gênero, aprendendo e trocando informações nem sempre exatas e efetivas (eficientes e eficazes).

8.2   – Comportamento inter-gênero

A competição entre os integrantes dos mesmos grupos de gênero tende a ser muito mais acirrada em geral na natureza com o é entre os membros das mesmas espécies, pois que estes indivíduos disputam os mesmo meios de fortuna, disputam as mesmas fontes de alimentos, as mesmas fêmeas (machos) intra-específicas e isto são causas suficientes de uma série de interações que são o palco de muitos contenciosos sociais.

Mas, o comportamento inter-gênero tende a mitigar os conflitos intra-gênero por que os mesmos ingredientes que os fomentam são os mesmos que atraem e aproximam os gêneros opostos.

O estudo das ciências, em quase todas as áreas do conhecimento humano, remete-nos sempre de volta ao estado primitivo da natureza e do mundo selvagem: por que nada ali é forjado ou produzido pela simples vontade ditada pela autoridade; tudo ali se subordina às leis naturais, e aos arranjos estruturais e contingentes, sejam estas leis conhecidas ou não pelo observador ou pelo cientista. Este é o campo ideal para as descobertas das leis e dos conceitos básicos.

A questão que se coloca é a do comportamento do indivíduo e a sua interação com o grupo e com o ambiente, como, quando e porque ocorrem estas interações, ou, colocando de outra maneira: porque as abelhas vivem em colônias e outros animais, como os chimpanzés, passam boa parte de suas vidas vivendo solitariamente?

Bodeenheimer7 (1932) dizia que "Não é correto acreditar que cada animal é sempre conduzido por seus órgãos dos sentidos à procura de condições ótimas". A sobrevivência das espécies é, sem dúvida, muito mais dura do que a maioria das pessoas comuns imaginam.

É preciso evitar a tentação do reducionismo que consiste no raciocínio simplista de cair no erro finalista que "Consiste em crer que tudo é perfeito na natureza e que, em todos os casos, os seres vivos se [sic] encontram nas condições de meio que lhe são mais favoráveis".

Poucos animais levam vidas solitárias, mesmo feridos ou doentes, os macacos, animais altamente sociais, insistentemente tentam permanecer e acompanhar o seu bando, ou qualquer outro, inclusive de outras espécies de macacos. Mesmo os animais solitários também mantêm a sua própria organização social, pois estão sempre atentos aos seus vizinhos.

O fato de pertencerem a um grupo social permite a sobrevivência de animais, que em

---

[7] **Passim.** WILSON, Edward Osborne. *Sociobiology.* Cambridge: Belknap, 1980.

vida solitária, pereceriam ou teriam menos sucesso reprodutivo. A vida em grupo pode proporcionar maior proteção; muitos animais só conseguem sucesso na criação da prole se cooperar com o parceiro; é daí que evolui a ligação entre o casal, os indivíduos que executam bem esta atividade ou escolhem bem o parceiro adequado têm mais chances de perpetuarem os seus descendentes, caso contrário não se reforçaria esta característica herditário-funcional na espécie, segundo o princípio evolucionista.

É fácil constatar que aves que se alimentam em ambientes abertos precisam estar sempre alertas para os predadores. Precisam balancear o tempo despendido com o comer e o tempo despendido evitando serem comidas. Muitas aves solucionam este problema vivendo em bandos e tirando vantagem da vigilância efetuada pelas companheiras. Assim, à medida que o tamanho do bando aumenta, cai a proporção de tempo que cada animal despende olhando em redor e aumenta o número total de animais vigilantes. O tempo do predador também diminui à medida que o tamanho do bando aumenta.

Os peixes, as aves e os primatas, frequentemente cerram fileiras quando aparece um predador. A aglomeração pode ser causada pelo fato de ser vantajoso para cada animal colocar-se no centro do grupo e, dessa forma, deixarem outros animais entre ele e o predador. Mesmo aves que não vivem normalmente em bandos podem agrupar-se temporariamente para afugentar um predador, esse comportamento o faz perceber que foi descoberto e subtrair-lhe o elemento surpresa.

Quando as fontes de alimento são abundantes, dispersas e relativamente estáveis os animais podem procurar os alimentos sozinhos, caso contrário, é muito difícil um indivíduo encontrar sozinho o alimento; quando uma das aves encontra alimento, os demais membros do bando alteram o seu comportamento e passam a procurar na mesma área ou no mesmo tipo de lugar onde o alimento foi encontrado.

As abelhas, formigas, térmites, marimbondos, construíram as suas sociedades com uma organização baseada no sistema de castas, em que a posição de cada indivíduo é bem definida e as suas atribuições também; é uma estrutura extremamente rígida, cuja adequação é tão crítica, que já é determinada geneticamente e que só pode ser mudada em situações especiais, desde que em função da coletividade, notando-se que, entre as formigas, por exemplo, as guerreiras, aquelas que são as responsáveis pela segurança do formigueiro, chegam a ter até vinte vezes o peso de uma formiga operária; este dimorfismo é irreversível na forma adulta.

Assim acontece à rainha e aos machos, que, não chega a ser um exemplo de organização perfeita, mas a julgar pela sua sobrevivência e pela resistência mais do que comprovada às tentativas de extermínio, principalmente pelo homem, é que têm sido lembradas quando se fala em sociedades organizadas. A sua força reside na quantidade, por motivos óbvios, e a maior virtude, na sua meticulosa organização, sem as quais não seria possível alimentar e proteger o grupo, geralmente numeroso.

Por isso o efeito grupo tem sido observado nos animais e foram constatados indicadores importantes de sobrevivência para espécies em seu habitat; com muita constância, observou-se que o número crítico para a população de elefantes, na África, sobreviver está em torno de no mínimo 25 indivíduos por grupo.

Mesmo no Peru, cuja produção de guano, importante fonte de fosfato de cálcio derivado das fezes das aves marinhas da espécie cormorão, está condicionada à existência de um mínimo de 10 mil indivíduos desta espécie, pois abaixo desse limiar a sobrevivência da espécie fica seriamente comprometida; para as renas, os grupos constituídos de menos de trezentos indivíduos estão condenados a desaparecerem de seus próprios habitat; lobos em grupos podem abater grandes animais, que isolados são presas fáceis; os bisões, bois almiscarados, muitos outros ruminantes defendem-se eficazmente quando reunidos em bandos, pois são mais pares de olhos para vigiar, procurar alimentos e até mesmo mais forças para lutar contra os inimigos.

Porém, nada disso, no entanto, evita que as populações passem por dois momentos críticos para a sua sobrevivência, independentemente de quaisquer outros fatores: o primeiro momento é justamente aquele momento da formação do núcleo pioneiro, antes mesmo de ser atingido o número mínimo de indivíduos que assegure a sobrevivência e a continuidade da espécie, qual depende principalmente de elevado altruísmo destes indivíduos pioneiros ou de condições ambientais extremamente favoráveis para o estabelecimento da colônia para este núcleo fixar-se; o outro momento crítico, aliás, muito óbvio, é quando a população atinge o clímax e o tamanho do grupo depende do chamado fator limitante, pois não importa a abundância de elementos necessários e disponíveis para a sobrevivência da espécie, o fator limitante será sempre, dentre estes elementos, aquele que existir em menor disponibilidade, cuja escassez limitará severamente a sobrevivência da população, por exemplo, pode haver abundância de alimentos prediletos e haver uma severa restrição de água, comprometendo a manutenção da população por este fator limitante.

A organização social das abelhas não nos deixa dúvidas de que a divisão do trabalho social e consequentemente, a especialização e organização são elementos imanentes ao processo de gerência dos grandes sistemas, a divisão espacial, a divisão dos alimentos, os rituais de acasalamento, a comunicação entre os indivíduos são bem definidos e poucas modificações são incorporadas ao longo do tempo; tudo está bem determinado e este processo tem resolvido a maior parte de seus problemas e garantido eficazmente a sobrevivência da espécie, especialmente entre as abelhas (*Apis mellífera*).

Numa colônia, durante o verão, a qual consiste de uma fêmea reprodutiva, (a rainha), vários milhares de fêmeas estéreis (as operárias) e algumas centenas de machos férteis (os zangões), além da prole imatura.

A colônia habita uma câmara natural ou artificial (colmeia) na qual são construídos os favos de cera para acomodar as larvas e armazenar pólen e mel. Os zangões pouco fazem além de fertilizarem as rainhas durante o inverno; a colônia consiste na rainha e nas operárias, que sobrevivem graças ao alimento armazenado.

A produção de ovos recomeça na primavera seguinte. A rainha pode copular com vários machos num único vôo e armazena o esperma então recebido. Normalmente a rainha põe apenas ovos fertilizados (diplóides), os quais originam fêmeas. Três dias após a ovoposição, os ovos eclodem e libertam as larvas que são alimentadas por cinco dias, pois as sociedades altamente integradas de animais podem ter uma complicada rede de relações de dominância entre os membros dos vertebrados, e, uma distinta linha hierárquica de distribuição de alimentos entre os insetos.

Então as larvas transformam-se em pupas contidas em cócons dentro das células de cera. As operárias adultas emergem 21 dias depois da ovoposição; as rainhas emergem alguns dias antes; os zangões, alguns dias depois.

Durante seus dois primeiros dias de vida as larvas normalmente recebem geleia real secretada pelas operárias, como alimento. Depois desse período recebem quantidades cada vez maiores de mel. Com esta dieta as larvas transformam-se em fêmeas estéreis (operárias).

Para que haja a evolução do comportamento animal, é necessário que sejam herdados genes que comandem este comportamento; mesmo no caso de transmissão cultural, os animais devem herdar a capacidade de aprender e usar o comportamento que lhe é exposto.

O comportamento que se observa é o resultado da interação entre as instruções herdadas, e do ambiente em que o organismo se desenvolve; posto isto, e, considerando-se que os ovos não fertilizados originem zangões haplóides, entendemos que a importância deste sistema haplo-diplóide reside nos fatos de que se as larvas de ovos fecundados (diplóides) forem criadas com dieta especial poderão transformar-se em novas rainhas; os ovos não fecundados têm apenas a herança genética da fêmea; quando uma rainha fertiliza um dos gametas como o esperma guardado, cada filha recebe os mesmos genes do pai, desde que machos haplóides só podem produzir um tipo de gameta. A rainha, sendo diplóide, produz gametas que não são idênticos, já que ocorre um rearranjo ao acaso nos cromossomos homólogos durante a fase reducional da meiose, por isso as filhas têm em comum, em média, metade dos genes recebidos da mãe. Uma vez que elas recebem da mãe apenas a metade do seu total de genes, essa proporção em comum representa um quarto do seu genótipo.

Quando os genes recebidos da mãe e do pai são considerados juntos, notamos que as irmãs têm em comum, em média, três quartos dos seus genes: 0,5 do zangão e 0,25 da rainha em fII. Desse modo, as irmãs são mais próximas, geneticamente, umas das outras do que o são as mães das filhas ou dos filhos, isso explica, em parte, como tem evoluído o altruísmo, geneticamente, das operárias, pois a regra básica de sobrevivência e evolução das espécies é que: o sistema prevalece sobre o individual, considerando que "Este comportamento é o marca-passo da evolução, pois a função do organismo, expressa em seu comportamento, é mudada em muitas gerações, de acordo com a experiência do organismo8".

A rainha produz sinais químicos (ferormônios) que inibem a postura de ovos pelas operárias e que também as impedem de criarem novas rainhas. Se a rainha morre ou fica muito velha, as operárias criam uma nova rainha a partir de uma larva, alimentando-a com geleia real e, diferentemente do que foi feito para as operárias, com pouco mel. Sem a inibição causada pelos ferormônios algumas operárias produzem ovos não fertilizados, que originam zangões.

Há ainda outras circunstâncias em que se produzem novas rainhas: a rainha mais velha então juntamente com algumas operárias enxameia e estabelece uma nova colônia.

As operárias fazem tudo na colônia, exceto por ovos. Nos meados do verão as operárias vivem apenas quatro a seis semanas e suas atividades são controladas de acordo com a idade: operárias entre zero e três dias de idade limpam células e mantém as larvas aquecidas; operárias entre três e seis dias alimentam as larvas novas e a rainha; de quatorze a dezoito dias, secretam cera, constroem favos e limpam a colmeia; de dezoito a vinte dias, guardam a entrada; de vinte a quarenta dias, saem à procura de pólen e néctar (operárias coletoras).

Este esquema, no entanto, não é rígido, podendo ser modificado de acordo com as

---

[8]Apud Darwin-Dohrn, A. Mandeville, em seu livro Fábula das abelhas, que serviu de inspiração para Adam Smith criar a teoria da riqueza das nações liberais, contrariou a realidade da sociobiologia das abelhas, construindo um aforismo sobre o comportamento delas de modo a distorcer o altruísmo e organização das abelhas. Como disse Mandeville: as abelhas conseguem viver com segurança e abastança porque cada uma cuida de si mesma e procura fazer o melhor para si mesma sem se importar com o que a outra abelha faz na colmeia.

necessidades da colônia; por exemplo, se a colmeia estiver muito aquecida, as operárias que estão fazendo trabalho externo passam a coletar água, que é usada na colmeia para o resfriamento através da evaporação. As danças são executadas pelas abelhas com a finalidade de comunicar a direção e a distância da fonte de alimento.

Se comparada à complexidade da cultura humana e a sua dependência da linguagem escrita e falada, a transmissão cultural de comportamento observada em animais pode parecer trivial; no entanto, ela talvez sugira o modo pelo qual a cultura humana teve início. Contrariando o que escreveu Mandeville em seu ensaio Fábula das Abelhas, as abelhas não são instintivamente egoístas, nem trabalham de modo voluntarista como quis fazer acreditar em sua parábola sobre o mercado livre utilizando as abelhas como paradigma.

Assim, na natureza, para grupos extremamente grandes, este tipo de organização é o que tem produzido os melhores resultados, haja vista que estas espécies não correm o menor risco de extinção, ao contrário da ave cormorão, que apesar de formarem grupos gigantescos, não gozariam desta mesma estabilidade para a sua sobrevivência; entre outras diferenças, a mais importante é sem dúvida a organização.

O poder é bem visível, pertence à rainha, é incontestável e isto traz ordem e tranquilidade para a comunidade, toda energia é empregada para o bem comum, por isso mesmo, alguns indivíduos tem se sacrificado até a morte, para assegurar a tranquilidade e sobrevivência do seu sistema ou de sua sociedade hiper-comunitarista.

Outros tipos de organizações sociais são encontrados na natureza, especialmente entre os pássaros que por terem elevado nível de mobilidade (aqueles que podem voar), destacam-se especialmente de outros grupos, por terem, em consequência deste fato, laços muito tênues de cooperação intra-específica: a decisão de pertencer a um bando cabe a cada indivíduo, como por exemplo, os pássaros chamados *Parus major*, que vivem em florestas da Europa e da Ásia. Durante o inverno os animais formam bandos pouco coesos com cerca de doze indivíduos (às vezes até cinco) que podem agregar aves adicionais de outras espécies. Estas aves alimentam-se de insetos, aranhas, sementes e frutas. Os bandos ocupam áreas de moradias não defendidas com superposição parcial de territórios e com cerca de quatro *ha* de área para um bando de até doze indivíduos.

A associação dos animais aumenta a probabilidade de um animal encontrar alimento, embora, por outro lado, haja também bastante disputa pelo alimento; não raro um animal ameaça e ataca outro lhe roubando o alimento, pois mesmo onde haja abundância, pode haver disputas acirradas sobre os itens que oferecem as melhores qualificações dentre os demais.

Durante o período de janeiro a março, esta fase de organização social (fase de bando) é paulatinamente substituída pela fase territorial. A formação de casais ocorre no inverno. Os pares começam a passar mais tempo longe do bando a ele voltando durante à tarde e durante os períodos mais frios. Cada casal estabelece um território que no fim de março já é bem defendido. Locais convenientes para a construção do ninho, em geral cavidades de árvores, são inspecionados pelo macho, e a fêmea é atraída por esse comportamento. A fêmea constrói o ninho e ali põe um conjunto de cinco a onze ovos no fim de abril ou começo de maio.

A cooperação entre os membros do casal dura todo o período de construção do ninho, cópula e postura de ovos. O macho alimenta a fêmea numa contribuição vital para contrabalançar o desgaste da fêmea ao por ovos. Apenas a fêmea incuba os ovos, mas o macho continua a alimentá-la. Os ovos e, posteriormente, os filhotes estão expostos à predação, os esquilos (*Neosciurus carolinensis*) e as fuinhas (*Mustela nivalis*) que os procuram para se alimentarem; contra esses inimigos os pais pouco podem fazer.

Os ovos eclodem e os filhotes são então alimentados pelos pais e, por volta do 18° ou do 20° dia de vida os filhotes voam do ninho. Em média cada casal cria seis filhotes. Os pais ainda alimentam os filhotes depois que estes deixam o ninho, mas em menos de duas semanas os filhotes tornam-se praticamente independentes.

Os jovens lutam bastante e muitos deles desaparecem da população. Durante setembro-outubro o comportamento territorial reacende-se, mas à medida que o inverno aproxima-se formam novos bandos. Os adultos são sedentários e vivem perto de seus territórios de verão; por outro lado os jovens podem dispersar-se por vários quilômetros antes de juntarem-se a um bando. A mortalidade varia consideravelmente de ano para ano e parece estar relacionada com a disponibilidade de alimentos. Cerca de 17% dos jovens sobrevive até a estação de reprodução seguinte; já para os adultos a taxa de sobrevivência é de 50%.

Consequentemente os indivíduos que possuem maior capacidade de aprendizagem, os mais hábeis, os mais dotados, conseguem em algumas ocasiões certa ascendência sobre os demais membros de seu grupo.

Como quase tudo o que o indivíduo consegue para si é fruto quase que exclusivamente de seu esforço individual não se pode mesmo esperar grades obras arquitetônicas, ou produtos altamente elaborados desta espécie sem organização rígida e conglobadada como se pode atestar na observação das espécies em geral, como de fato ocorre na natureza; não basta adaptação ao habitat, é preciso cooperação; para que haja cooperação eficiente é preciso que haja organização; para haver organização há que haver hierarquia; para efetuar estas funções cada espécie conseguiu resolver estes problemas dentro de suas limitações e habilidades específicas, como se observa na população de cervo vermelho (*Cervus elaphus*).

Dividida em grupos de fêmeas e de grupo de machos, fora da época de reprodução, desde dez até várias centenas de indivíduos. Estes últimos grupos são menores e menos estáveis (machos).

Os grupos de fêmeas incluem tanto as fêmeas adultas como seus filhotes, inclusive filhotes machos que tenham até três anos de idade. As fêmeas têm áreas de moradia com superposição territorial, e os grupos, frequentemente, fissionam-se em subgrupos matrilineares (grupos liderados pelas fêmeas mais velhas, a matriarca), os quais podem conter três ou mais gerações de fêmeas com seus filhotes.

Sob a liderança de uma das fêmeas mais velhas este grupo move-se pela área de moradia; a parte da área de moradia utilizada num determinado dia depende das condições climáticas; a sobrevivência do grupo envolve interações altamente complexas entre indivíduos, grupos, meio-ambiente, carências, disponibilidades e habilidades.

Com três anos de idade os jovens machos deixam as suas mães e unem-se aos bandos de machos. Os machos adultos movem-se em áreas de cerca de oito km2 que tendem a ser periféricas e ligeiramente superpostas às das fêmeas. Nos grupos de machos o status de cada indivíduo depende de seu tamanho e do tamanho dos seus chifres. Durante a estação de reprodução, que começa ao fim de dezembro, os machos tornam-se agressivos entre si e o grupo desmancha-se; cada macho dirige-se para a sua área preferencial de acasalamento. Cada macho compete com outros pela possessão das fêmeas.

Os machos bramem constantemente, controlam seus bandos de dez a vinte fêmeas com seus filhotes, e defendem-no de outros machos. As fêmeas tornam-se férteis em geral no seu terceiro ano de vida. Os machos mais competentes têm cerca de sete anos ou mais, no entanto, mesmo estes ficam exaustos durante o processo de controlar e de defender o grupo de fêmeas, chegando a perder 25% do peso e acabam sendo expulsos por outros machos. O macho não age como líder de seu harém; em situações de perigo o macho abandona o grupo de fêmeas.

Podemos ver que num grupo assim organizado pode haver comportamento egoísta e altruísta, além do mais se confirma que em grupos fracamente organizados a coesão entre os membros também é muito precária, resultando em problemas para a elaboração de produtos altamente sofisticados, e, perigos e riscos maiores para a sobrevivência.

Após a época de reprodução a estrutura de grupos de fêmeas / grupo de machos é retomada. Os chifres, que só crescem nos machos, são perdidos durante a primavera e imediatamente outros recomeçam a nascer. Antes de parir as fêmeas deixam o grupo, afastam os seus filhos dos anos precedentes e procuram locais isolados. Os novos filhotes mantêm-se escondidos nos primeiros sete a dez dias durante os quais as mães vão até eles para alimentá-los. Após esse período eles seguem suas mães, que subsequentemente reúnem-se ao bando. A amamentação dura de oito a dez meses.

Vale aqui lembrar que o processo de seleção natural é um fenômeno individual, aleatório, onde a mutação ao acaso dos genes não foi confirmada e nem proposto como mecanismo de evolução natural com relação à seleção de populações; a seleção natural caminha no sentido de garantir a adaptação dos indivíduos às mutações do ambiente e não à sobrevivência dos grupos, como poderia supor-se de imediato; a pergunta não respondida pelos etólogos e evolucionistas, é: se o comportamento individual dos organismos que os leva a procurarem a aproximação do grupo não pode ser pré-determinada geneticamente, como o seria na seleção por grupos, se houvesse, o que, então, os fazem procurarem, ou formarem os grupos durante alguns momentos de suas vidas?

Estudando a espécie dos Babuínos comuns (*Papio cynocephalus*) das savanas cujas populações dividem-se em grupos de vinte a duzentos animais, incluindo vários machos adultos, onde normalmente o número de fêmeas adultas é superior ao de machos adultos, vemos que não há animais solitários. Os grupos são permanentes e coesos, embora machos jovens geralmente mudem de grupo. A estrutura do grupo não sofre alterações com a mudança das estações.

Os grupos ocupam área de moradia de até quarenta km2. As áreas de diversos bandos podem se sobrepor mas o encontro de bandos é infrequente, dada a tendência que os grupos tem de se evitar. Os grupos pernoitam em árvores altas, ou em escarpas rochosas, para ficarem afastados de predadores.

Ao nascer do sol os animais saem dos seus abrigos e iniciam o seu dia de deslocamento e alimentação. Uma grande parte do tempo é despendido à procura do alimento, para o que o grupo espalha-se na savana, pois à medida que se sobe a pirâmide de nível trófico a fonte primária de energia incorporada aos alimentos vai ficando cada vez mais distante dos organismos mais sofisticados e complexos fisiologicamente, isto é: a disponibilidade e a existência do alimento vai fatalmente depender cada vez mais do trabalho de outras espécies, cuja cadeia alimentar pode chegar às dezenas.

Tipicamente os machos mais jovens ocupam posições periféricas em relação às fêmeas e filhotes. Os machos adultos são capazes de enfrentar predadores de pequeno porte, mas em geral eles fogem com o resto do grupo à procura de um local seguro. As fêmeas, após cinco anos, tornam-se receptivas sexualmente durante poucos dias de seu ciclo menstrual mensal. Cada fêmea passa a maior parte da vida ou prenhe ou em lactação, mas, devido à reprodução dos Babuínos não ser sazonal, quase sempre há no bando algumas fêmeas disponíveis para o acasalamento.

Os machos amadurecidos aos dez anos competem pelo acesso às fêmeas que são promíscuas. As mães amamentam os filhotes por seis a oito meses e carregam-nos até que sejam fortes o suficiente para locomoverem-se independentemente. Os machos têm pouca participação na criação dos filhotes.

Da mesma forma que os primatas do gênero *Macaca*, o núcleo do grupo é constituído por um sistema de parentes de genealogia matrilinear e grande parte das interações sociais do grupo ocorre entre parentes; os babuínos não reconhecem o pai. As fêmeas jovens ajudam a cuidar de seus irmãos mais novos, os quais são o pivô de intensa interação social. Grande parte do comportamento social é aprendido, ou pelo menos se desenvolve apenas em ambientes onde for possível a prática social. Há também a ocorrência de uma subcultura na qual os grupos têm lugares tradicionais para dormir e dessedentarem-se; a informação sobre a utilização do ambiente é orientada pelos animais mais velhos, que podem chegar aos vinte anos.

Os macacos, cuja inteligência assemelha-se muito à dos humanos, não formam grandes

grupos, raras tarefas são feitas em conjunto,
sua inteligência e auto-suficiência lhe permitem
desdenhar até mesmo, em certos momentos, a
própria proteção que o grupo lhe proporciona; a
outra pergunta pode então ser reformulada
para: seria isto auto-suficiência? Seria talvez
uma tentativa evolutiva de compensar-se um
muito maior número de indivíduos mais
simplificados fisiologicamente com poucos,
porém, altamente sofisticados indivíduos?

Os Chimpanzés (*Pan troglodytes*) cuja
sociedade não é um exemplo de grupo coeso,
tendo uma estrutura aberta, na qual
encontramos pequenos grupos temporários de
até seis indivíduos dependendo da
disponibilidade de alimento; esses indivíduos
viajam juntos pela mata, embora
frequentemente o conjunto divida-se e torne a
reunir-se. Esse conjunto pode ser composto de
animais de qualquer classe de idade ou sexo,
em qualquer combinação. A única regra é que
os filhotes mantenham-se junto às suas mães.

Animais solitários também são frequentemente
encontrados. Apesar dessa fluidez, crê-se que
em uma determinada área os indivíduos que
formam esses conjuntos temporários sejam
membros de uma mesma comunidade de até
quarenta indivíduos, que contêm vários machos
adultos.

Diferentemente dos babuínos estes animais
nunca se deslocam juntos como uma unidade.
A principal evidência desta estrutura vem do
fato de que em qualquer área ocorre o mesmo
com os animais que formariam as comunidades
vizinhas. Acredita-se que cada comunidade
tenha uma área de moradia de dez a vinte km2;
algumas partes desta área são defendidas

através de conflitos sangrentos e até fatais, particularmente entre os machos. Dentro da área de moradia cada macho ou fêmea tem suas áreas prediletas que são defendidas por seus donos.

Um macho pode monopolizar uma fêmea no cio, mas a associação de casais por longos períodos não existe, sendo a promiscuidade uma regra. Os animais constroem ninhos nos quais passam as noites, mas têm uma base permanente; dessa forma as mães carregam os filhos continuamente; o contato mãe-filho não é interrompido durante pelo menos os primeiros três meses de vida do filhote. O período em que o filho depende da mãe é extraordinário; a amamentação prolonga-se até o filhote ter três ou mesmo quatro anos e meio.

Por isto, estes animais são passíveis de manutenção em cativeiro, individualmente, ao contrário de um inseto que nas mesmas condições de isolamento de sua colônia morreria em algumas horas, desde que desprovido da ambientação e de elementos que ajudam a manter o seu metabolismo, alimentação e proteção de seu habitat natural, pois a sua estrutura fisiológica não está preparada para prover-lhe os meios e os recursos de que necessitaria para a sua própria subsistência; à medida que outras funções orgânicas fossem sendo incorporadas ao seu sistema orgânico a sua complexidade consequentemente iria aumentar, e também o seu porte físico: então deixaria de ser um inseto.

Assim vimos nascer o conceito de sociedade, da cooperação dos indivíduos, da agregação sem cooperação, da colônia onde há interação física entre os indivíduos, dos grupos ocasionais, das populações contemporâneas da mesma espécie, a necessidade de comunicação alterando os padrões de comportamento entre os organismos, a necessidade de coordenação e hierarquia.

Outra lição da natureza é que na guerra da sobrevivência ou da conquista do território vale o maior número de indivíduos, senão vejamos: a abelha possui uma estrutura fisiológica e um porte relativamente simples, se comparada com um mamífero, que é altamente complexo, e avantajado; isto nos leva à questão; valeria a pena ser auto-suficiente?

Na verdade o problema passa a ser: como reunir indivíduos sofisticados, quase autônomos para um trabalho organizado cooperativamente? Ou, através da subordinação? Se tal puder ser conseguido, então estaremos muito perto daquele modelo ideal espreitado pela evolução das espécies; em que pese ser o egoísmo um comportamento verificado frequentemente em muitas espécies, produzindo o comportamento típico dos indivíduos solitários, esta é uma forma muito poderosa e indissociável dos seres animais superiores.

Seria então o altruísmo o oposto da auto-suficiência? Podemos dizer que o altruísmo seria o ponto máximo de integração do indivíduo com o grupo e, que no seu grau máximo, pode chegar à simbiose. O altruísmo, neste caso, é o egoísmo em grupo, que passa assim, o grupo, a exercer a função de indivíduo, e, neste caso, o egoísmo *stricto sensu* seria um desvio social do indivíduo em relação ao grupo, caracterizando o indivíduo solitário um desajustado social.

Este acaso e outros mais os informam com é importante a vida comunitária e nos dão valiosas informações sobre o relacionamento entre seres vivos, os seus variados tipos de interações e formas de organização, mostrando a riqueza de soluções que a natureza dispõe e exibe em cada caso, buscando a solução para o mesmo problema que é o da organização do sistema de divisão do trabalho social ao nível ecológico, sendo que em alguns casos pode-se mesmo notar uma forte semelhança com algumas formas de organização de distintas civilizações humanas, através da História, nas várias culturas e etnias espalhadas pelos continentes.

8.3   – Comportamento público

Como diria a Teoria do Cenário de Representação Política do Prof. Dr. Arthur Venício, o cenário de representação social constituído pelas mídias de massa, principalmente as vídeo-mídia TV e Internet (Y-tube) constituem em resumo, nesta teoria do CRP, o lócus de ensaio de novos comportamentos sociais que para pegarem precisam fazer a viagem em círculo: que começa com uma tendência e então os criadores das tendências as coloca na mídia, a mídia precisa aceitá-la, digeri-la e incorporá-la em seu cotidiano, então recebendo as contribuições da cada etapa do processo de aceitação em massa este comportamento volta-se para o criador modificado e transformado então deixa de ser uma tendência privada e passa a ser pública, emancipada de seu criador, adquire identidade própria e assim se emancipa do(s) seu(s) autor(es).

O comportamento público não é criação individual e não é exclusivo, precisa da chancela social para pegar, e para se institucionalizar; não há lugar nem vez para exotismos, ousadias e caprichos solitários.

Nada existe mais fascinante e glamuroso do que a moda. A moda é vista como uma onda que varre o velho, ou, transforma o atual em velho, e o substitui pelo recente que é ou vira o novo; poucos resistem, parece uma nuvem que se forma sem ninguém saber de onde veio e nem para onde ela vai. Será mesmo?

Um novo tipo de padronagem de tecido, cores novas e um corte inovador com todos os moldes para todos os números e tipos físicos. Poderia acontecer das empresas e profissionais envolvidos nesta indústria do vestuário extremamente cara e complexa serem comandados ou ficarem à mercê do acaso?

Ora, se estes executivos destas empresas pudessem adivinhar a próxima moda, e preparassem-se com antecedência para partir na frente dos concorrentes para a produção dos modelos, não seria ótimo!

Melhor ainda se esta nova moda pudesse ser planejada com calma e bastante tempo, e pudesse ser cuidadosamente lançada, então haveria tempo para a indústria de tintas e pigmentos prepararem as novas cores e tintas e orientar todo o seu programa de produção com antecedência, o mesmo fariam as indústria de tecidos, os modistas e as confecções de roupas teriam tempo para formar os seus estoques de mercadorias e prepararem cuidadosamente o lançamento da novidade da moda com as possíveis variações e as alternativas, então teriam bastante tempo para fazer o sucesso pegar através de uma série de truques onde as personalidades artísticas, desportivas, políticas e pessoas de grande evidência midiática pudessem puxar a moda; será isto o que acontece? Ou estes gigantes conglobados são apanhados de surpresa e postos a funcionar constantemente e continuamente sob a pressão da demanda por novidades aleatórias sempre a um passo atrás da novidade?

Não nos parece lógica esta alternativa, esta indústria é muito cara e grande demais para ter flexibilidade e a agilidade suficientes para ser seguidora de moda, ao contrário, o seu gigantismo indica que este enorme poder de fato dirige e conduz a moda e as suas tendências, ou seja, produz e conduz a moda, e o máximo que se pode esperar dela é que pelo menos ausculte os segmentos mais importantes e relevantes da sociedade antes de começar a planejar a próxima moda, para que haja um encontro de interesses, pelo menos, caso contrário, o sistema irá sentir o peso e o tamanho deste gigante e, forçosamente, acaba curvando-se a ele.

É um cartel que se protege do prejuízo através do exercício do controle da oferta de lançamentos e de opções no mercado, monopolizando de tal forma que existe pouco espaço fora deste controle para os alternativos, já que desde a matéria-prima até os contratos com fornecedores e compradores grandes estão comprometidos com o projeto, sobrando para os independentes para a pirataria ou para o plágio.

Ora, a moda é uma indústria cara e depende da decisão do comprador aderir ou não às novidades e esta decisão depende das demais opções contingentes disponíveis no mercado naquele momento da escolha.

Ora, se for possível controlar ou eliminar todas as demais alternativas da moda, e, se for possível convencer o comprador de seu bom-gosto em aderir à nova moda então o sucesso estará garantido.

Não seria este o motivo do processo social da moda ser tão massificante e tão massacrante, autoritário, e impositivo, forjando uma opinião pública cripto-autoritária?

Opinião individual e opinião pública

Há que distinguir-se opinião individual de opinião pública. A opinião é pública quando os indivíduos reúnem-se publicamente para construírem uma opinião coletivamente; a opinião é individual quando construída a partir de uma elaboração a partir do conjunto de juízos de valores que o indivíduo formula a partir das informações e impressões que ele recebe do seu meio-ambiente e que são trabalhadas de modo geralmente inconsciente e pouco racionalizadas, através de um processo de aproximações sucessivas, reelaborações e pressuposições que ele faz da realidade9.

O processo de formação de opinião, para surtir os efeitos desejados, deve causar impacto sobre os sentidos do indivíduo visando atingir o seu senso de valores. O Marketing e a Propaganda trabalham nesta linha de sensibilização do indivíduo afastando-se dos apelos à razão e utilizando-se mais intensamente dos apelos aos sentidos.

9DA VIÁ, Sarah Chucid. *Opinião Pública*. São Paulo : Loyola, 1983. P.8-9.

Tchakhotine10 demonstrava a sua preocupação com a especificidade da forma de comunicação de massa, dizendo: "Intelectuais imobilizados pela sua erudição ultrapassada11 não conseguem a empatia com as massas". Neste livro o autor demonstra o processo de violação de consciência através de técnicas de propaganda baseadas ou explicadas pela Psicologia pavloviana. Esta preocupação, comprovada por este texto, leva o autor a analisar e a dissecar a verdadeira ciência de violação da consciência capaz de alterar a vontade das pessoas e consequentemente modificar-lhes o comportamento e opinião, baseada nos estudos do psicólogo Pavlov12, um dos pioneiros da Psicologia.

Baseado nas teorias do reflexo condicionado de Pavlov13 o comportamentalismo constituiu-se numa perspectiva científica segunda a qual as ações e comportamentos podem resultar da reação a fatos vividos, ou, de experiências sensíveis, e não dos instintos ou das atividades sociais14, ou seja: o reflexo-resposta resulta de um processo de substituição da racionalização pelo automatismo, da reflexão pelo hábito ou ato-reflexo, simplesmente.

Segundo o modelo comportamentalista um indivíduo tem a faculdade de formar reflexos condicionados (ações e comportamentos autônomos ou habituais) a partir de complexos verbais, o que o diferencia dos animais, porém,

---

[10]TCHAKHOTINE, Serge. *A Mistificação das Massas pela Propaganda Política*. Rio de Janeiro : Civilização Brasileira, 1967 .p.9.
[11]Ibid. .p.9.
[12]Apud TCHAKHOTINE. Pavlov, I. P. *Les Rréflexes Ceonditionnels*. Pavlov acredita que o instinto básico que motiva as ações humanas e animais é o combativo: o poder.
[13]Ibid.
[14]Ibid. p.16, 18, 20

não obstante, também forma reflexos15 através de mecanismos análogos aos verificados nos animais como aqueles demonstrados nos experimentos famosos de Pavlov com cães16.

O que se pretende é uma forma de criar reflexos condicionados a partir do emprego das técnicas de marketing ou de propaganda.

A propaganda é o uso deliberado de métodos de persuasão e de outras técnicas com o fim de mudar as opiniões de forma a influir sobre a atitude e a ação17.

Este termo *propaganda* foi empregado pela primeira vez pelo Papa Urbano VIII que formou a Congregação de Propaganda e Fé, em 1633.18

A propaganda é um mecanismo destinado a influir no nosso sistema de valores. Neste

---

[15]Os reflexos condicionados resultam da sincronização de dois fatores: um imanente ou automático (vitatitude), que provoca reação fisiológica, e o outro induzido pela repetição ou estímulo externo, associado à uma vitatitude. A substituição / elisão da vitatitude pelo outro estímulo induzido desencadeia o reflexo-resposta por causa do efeito da associatividade (resíduo) na aprendizagem pela repetição.

[16]Outro instrumento importante de convencimento é o símbolo. A vertente antropológica que define o homem como um ser essencialmente simbólico sustenta a tese de que o homem atribui às ações e aos objetos significados que transcendem à sua simples materialidade extrínseca atribuindo-lhes valores que traduzem representações de suas visões particulares e culturais cujo significado está relacionado com todo o conjunto de crenças e valores que fazem parte de sua cultura vivida. O símbolo permite, como diz Allendy (1931), "Jogar facilmente com os conceitos que o espírito teria muita dificuldade em abordar na sua totalidade, sem esse artifício".

TCHAKOTINE. p.263. A propaganda dos partidos tem como tarefa influenciar e ganhar para sua causa os milhares de elementos passivos (90%), que não vão às assembleias, nem lêem jornais políticos de combate; os partidos operários não dispõem de meios para distribuir panfletos em número suficiente, e seus jornais, em geral longos, enfadonhos e doutrinários, não são lidos por ninguém. Não é de espantar que essa propaganda tenha pouco ou nenhum atrativo.

[17]YOUNG, Kimball. **Psicologia Ssocial de la pPropaganda**. Buenos Aires : Paidós, 1956.

[18]Ibid. p.8.

sentido vale-se dos mitos e das crenças. O propósito consistente e deliberado da propaganda é modificar ou criar mitos e lendas. Mediante diversas técnicas de manipulação de símbolos, a propaganda19 influi sobre nossas atitudes, opiniões e ideias.20

Assim, o comportamento do consumidor é um misto de racionalidade instrumental e emocional, cada uma delas exigindo um tipo adequado de ação de marketing e de estratégia eleitoral de vendas.

Não se pode combater a emoção com lógica. Pode até ser que repercuta bem, mas o problema é que não funciona.21 [...] Para conquistar votos, o candidato precisa, em primeiro lugar, compreender a época em que está vivendo para saber a real preocupação dos eleitores. O candidato tem que se conhecer bem, suas qualidades e defeitos, para estar bem consigo mesmo. Precisa desenvolver uma grande habilidade para se comunicar com as pessoas, de modo que elas possam entendê-lo rapidamente. É impossível um bom político não se comunicar bem.22 [...] Tem que ser capaz de pensar rapidamente e ter também reações prontas, além de tudo precisa ter sorte.23

O efeito agregação das opiniões individuais

É preciso considerar o efeito agregação das opiniões formadas individualmente como resultante do efeito grupo. Interessantes

---

[19]Existem três tipos de propaganda: conversão, divisão e consolidação.
[20]Ibid. p.13.
[21]FIGUEIREDO, Ney Lima. Op. Cit.
[22] Ibid.
[23] Ibid.

consequências foram observadas e estudadas a partir de duas vertentes teóricas que analisaram este fenômeno. A primeira considera que o efeito grupo, ou efeito agregação, resulta na somatória das influências individuais, representada pela escola do individualismo metodológico; a outra vertente, neo-institucionalista, analisa os efeitos não antecipados e até contraditórios da agregação das influências individuais, modificando, ou, opondo-se ao resultado esperado pelos agentes individuais.

O processo de formação de opinião individual

Para avaliar a formação da opinião individual escolheu-se como fulcro teórico inicialmente, o utilitarismo porque este se enquadra na categoria do individualismo metodológico por excelência, pois, baseia-se na premissa de que um indivíduo utilitarista faz a distinção entre o que é bom ou ruim para si apenas baseando-se no efeito que lhe é causado.

Intelectuais do final do Séc-XVIII, como Bentham24, recriaram25 este conceito para defender uma determinada visão de ordem política numa fase do Enciclopedismo. A questão ética desloca-se da sociedade para o indivíduo, do absoluto para o relativo, dentro desta concepção utilitarista. Tudo que se deve fazer para tomar decisões, segundo a ótica utilitarista, é um cálculo entre custos e benefícios na busca da maximização da felicidade e basear as decisões neste princípio.

[24] FULLER, T.; BENTHAM, Jeremy; MILLS, James. In: STRAUSS, L.; CROSPEY, J. *History of Political Philosophy*. Chicago : [S. Nn.]. p.717.
[25] O utilitarismo remonta aos gregos do Séc. IV A.eC. nda escola Epicurianista. Pode ser encontrado um trabalho interessante sobre o tema na Teoria da Ação de Talcot Parsons, já citado anteriormente.

O sistema político como formador de opinião

Contrariamente ao conceito utilitarista os sistêmicos centram no sistema político toda a responsabilidade pela administração dos interesses dos indivíduos. O sistema político assume a prerrogativa da distribuição arbitrária de valores ou a supressão destes em proveito da ordem social sistêmica. O conceito de sistema político envolve a designação das variáveis de ambiente e das variáveis de valores. Nesta abordagem em particular será dado ao termo sistema político um significado específico, denominado sistema de comportamento político, assim consideradas as premissas desta abordagem teórica:

1.Sistema político[26]. - É o conjunto de agentes que tem a prerrogativa de alocar valores arbitrariamente aos membros (atores políticos) do meio-ambiente. "É útil encarar-se a vida política como um sistema de comportamento[27]. " Portanto, o sistema social ocupa-se da formulação e reformulação da opinião dos membros do subsistema para-político.

2.Meio-ambiente. - É tudo o que está externo ao sistema político. "O sistema é distinguível do meio-ambiente e é influenciável por este[28]. "Tudo o que está fora do sistema político constitui o subsistema para-político.

3.Resposta. - É a alocação arbitrária de valores pelo sistema político; neste processo o sistema político procura influenciar a opinião pública através de suas alocações. "A capacidade de

---

[26]EASTON, David. *Uma Teoria de Análise Política*. Rio de Janeiro : Zahar, 1968. p.49.
[27]Ibid.
[28]Ibid.

um sistema persistir diante das pressões é função da presença e natureza das informações e outras influências que retornam dos seus membros àqueles que tomam as decisões29."

4.Retorno. - É maneira do sistema político verificar os efeitos causados ao meio-ambiente pelas suas alocações arbitrárias de valores. A opinião desempenha um papel vital neste processo de retorno, pois é a partir da avaliação dos retornos que o sistema político pode estimar o efeito da agregação das opiniões individuais que os membros fazem sobre o sistema político. "As variações nas estruturas e processos dentro de um sistema podem ser proveitosamente interpretadas como esforços construtivos ou alternativos dos membros do sistema para harmonizar e acompanhar as pressões do meio-ambiente e das próprias fontes internas de pressões ao sistema30."

5.Demanda - é a maneira dos membros dos subsistema para-político expressarem as opiniões para o sistema político na perspectiva de que o sistema político responda aos seus problemas em forma de alocações de valores.

6.Intra-demanda - são demandas geradas no interior do próprio sistema político.

Um sistema pode ser definido, de maneira genérica, como um conjunto de partes que formam um todo coerente consigo mesmo, no qual estas partes guardam forte correlação entre si. Não é qualquer conjunto coerente de partes que formam um sistema, é preciso que a um sistema sejam designados função, objetivo e finalidade. As partes que compõem um

---

[29]Ibid.
[30]Ibid.

sistema são condicionadas pelas interações entre os indivíduos cujo caráter analítico exige que façamos abstrações de maneira a discriminar o comportamento político em relevância aos outros tipos de comportamentos, neste contexto de justificação em particular.

O problema de se caracterizar um sistema não se completa apenas nas definições. Uma das provas para confirmar esta caracterização consiste no teste das interações sociais e políticas. Ao sistema político cabe a distribuição autoritária e coercitiva de valores sociais no sentido de privar, impedir ou de permitir o acesso de umas ou de outras pessoas ou grupos a estes valores31. A prova do teste das interações não assegura por si só a existência do sistema social, pois o sistema social inclui todos os subgrupos e subsistemas da sociedade. O sistema social em uma sociedade é o sistema de comportamento mais inclusivo para a alocação autoritária de valores32, e os sistemas incluídos são designados de subsistemas para-políticos. É na esfera para-política que os membros do sistema social percebem estes valores e fazem individualmente ou coletivamente uma avaliação valorativa das alocações arbitrárias do sistema político a partir das quais as opiniões são formuladas, construídas, ratificadas e retificadas para se transformarem em demandadas no ciclo sistêmico contínuo.

Como todo processo analítico, o sistêmico

---

[31]Ibid.

[32]É útil tratar os distúrbios ou influências originados do comportamento nos sub-sistemas do meio-ambiente como trocas ou transações que atravessam os limites do sistema político. Os seus efeitos são transmitidos através das fronteiras de um sub-sistema para o sistema como resultados das alocações do sistema, como demandas que chegam do sub-sistema, aàquele que é por ele influenciado.

também consiste numa simplificação metodológica da realidade através do artifício da eliminação de aspectos que não são objeto de interesse da perspectiva de observação cognitiva, propiciando um grau de abstração compatível com o fenômeno que se desejar observar e estudar, preservando os elementos que guardam relacionamento com o fenômeno de modo consequente, suplementar, complementar, causal, necessário, suficiente, co-adjutório, acessório, colateral, e associado.

Dentro desta perspectiva analítica sistêmica os conceitos de função e papel são os dois principais elementos de construção da matriz teórica referencial (categorias analíticas ontológicas). As funções representam esquemas que identificam determinado comportamento das instituições do sistema político; os papeis são esquemas conceituais que identificam certos comportamentos atribuídos aos atores políticos do sistema social e subsistema para-políticos que são ocupados por pessoas ou atores políticos: os seus membros.

A formação determinística de opinião

A crítica ao sistema feita pelos estruturalistas a partir de bases complexas, dentro de uma visão historicista-determinista, suportada pelo método dialético, na tentativa de traçar uma explicação para o sistema de comportamento e de formação de opinião pelos membros de um determinado tipo de sociedade denominada capitalista, foi construída em torno de algumas categorias analíticas pelas quais as opiniões dos indivíduos são anteriores a eles, pois são determinadas pela condição econômica, que é apenas reproduzida dentro de um sistema de valores baseado na exploração da força produtiva pelos detentores do capital, por que, segundo esta perspectiva teórica, no capitalismo a classe dominante expropria da classe majoritária o direito à sua opinião e ao controle de sua vontade, impedindo-a de exercer o direito à formação de opinião. Através do controle do capital a classe dominante formula os limites do comportamento padrão, pelo controle que exercem na sociedade através dos aparelhos privados de hegemonia, onde através dos mídia conforma e homogeniza a opinião; a conformação intelectual se faz através da escola; a repressão se faz através do aparelho judiciário e da sua polícia, e a sobrevivência é facultada através da exploração do trabalho assalariado, deixando a classe majoritária totalmente inerte e sem consciência do estado de exploração e de dependência a que está submetida no sistema capitalista.

Neste sistema, a economia forma o substrato (infra-estrutura) onde as forças econômicas se desenvolvem, considerando que na super-estrutura o sistema capitalista administra o complexo de regras, crenças e valores da sociedade de acordo com os interesses da classe dominante, não deixando espaço para opções que não sejam do interesse do modo de produção capitalista.33

O processo de agregação de opiniões

O problema da formação da opinião não se restringe ao debate entre racionalistas, sistêmicos e socialistas. Juntam-se a estes os neo-institucionalistas com sua visão centrada no coletivismo.

---

[33]BRAVO, Pedro. *Socialismo pPré-marxista*. Caracas : Univ. Central, [19__].

O neo-institucionalismo nasceu para transcender ao paradigma da escolha racional, começando a sua construção paradigmática por um dos princípios mais caros da escolha racional, para em seguida divergir e superá-la. Por este motivo o primeiro ponto a destacar-se diz respeito à motivação do agente individual racional. As bases fixadas no individualismo metodológico que orientam as ações como o *primum movens* do agente individual é o desejo de obter vantagens egoísticamente que é a hipótese básica com que se trabalha para justificar a motivação que faz com que as pessoas formulem uma determinada opinião. Esta premissa lembra o princípio da escolha racional, do utilitarismo, por isso paradoxal.

Arrows34 e McKelvey35 provam que esta premissa do individualismo radical conduz à indeterminação, mais do que isto, a uma impossibilidade devido ao fato de que dado "certa configuração das opiniões individuais, a decisão entre, digamos, três opções pode não ser transitiva."36 O mais importante deste teorema é que embora as opiniões sejam conhecidas a agregação delas pode ser totalmente desconhecida, ou imprevisível. Significa, principalmente, que o indivíduo que tem o poder de manipular a agenda, num sistema de decisões coletivas, pode determinar o resultado final a despeito das opiniões individuais dos participantes, mesmo

---

[34]ARROWS, Kenneth J. *Social Choice and Individual Values*. 2°ed. New Haven : Yale, 1963.

[35]McKELVEY, Richard D. Intransitivies in Multidimensional Voting Models and Some Implications for Agenda Control. In: *Jornal of "Economic Theory"*. [S. l. : S. n.], 1976. n°19. p.472-82.

[36]LIMONGI, Fernando. *O Novo Institucionalismo e os Novos Estudos Legislativos*. CEBRAP. Rio de Janeiro : CEBRAP, 1994. n°37. p.5. 1°sem.

obedecendo a regra da maioria.

McKelvey marca a sua posição confirmando o teorema de Arrows com o teorema conhecido como o Teorema do Caos, ou do tudo é possível. Tomando a premissa de que o indivíduo escolherá sempre a alternativa que estiver mais próxima de seu ponto ideal pode-se sempre sugerir um ponto convenientemente atraente entre as duas alternativas, a atual e a ideal, mais próximo de uma delas e assim sucessivamente e sequencialmente conduzir, passo-a-passo, o indivíduo para longe de seu ponto ideal pretendido inicialmente. Desta forma, o condutor da agenda pode levar a decisão aonde quiser, manipulando o critério da escolha ideal de cada indivíduo.

A conclusão que se pode chegar, *latu sensu*, é de que a agregação das opiniões individuais nem sempre expressará a somatória destas, redefinindo o conceito de mercado37 como lugar para tomada de decisões coletivamente, solapando as categorias analíticas do marxismo baseadas nas *condições de classe*, que como vimos, são conceitos muito caros aos socialistas. Para os socialistas as opiniões fazem parte da condição econômica, pois no sistema capitalista os instrumentos da dominação de classe mais poderosos são as instituições políticas, econômicas e sociais que

---

[37]A lei da oferta e da demanda não considera no processo da formação dos preços as mercadorias e os consumidores de fora do mercado, embora existentes e conhecidos, como, por exemplo, os estoques de petróleo não explorados e os consumidores potenciais ou emergentes, contribuintes potenciais para esta formação. Quando uma externalidade dispõe estes insumos no mercado, rapidamente, transformações acontecem no equilíbrio de oferta e demanda com reflexos imediatos na recomposição dos preços que poderiam ser antecipados caso estes fossem incluídos previamente nos cálculos de formação de preços de mercado. Além disso a mão invisível é uma categoria analítica metafísica, portanto, pré-científica.

são feitas para conspurcar e distorcer as opiniões da classe majoritária em proveito da classe minoritária. Este processo de distorção concretizar-se-ia através da utilização dos aparelhos privados de hegemonia que vão desde a dominação ideológica nas escolas, da instrumentalização dos mídia através do cenário de representação política38, tendo o respaldo de todo o aparato do poder legislativo e do judiciário, culminando no executivo, chamado por Karl Marx de comitê de defesa dos interesses da burguesia. Portanto, no sistema capitalista todo o processo de formação de opinião é viciado pelos interesses de classe. A única saída vislumbrada pelos socialistas é a ruptura completa com todo o sistema capitalista.

No caso das decisões públicas, ou seja, aquelas decisões privadas que têm consequências para além da esfera privada, têm-se severas e inesperadas consequências e implicações na esfera pública. Em sua tese de doutorado Habermas define a esfera pública como "... Esfera de pessoas privadas reunidas em um público: elas reivindicam esta esfera pública regulamentada pela autoridade, mas diretamente contra a própria autoridade, a fim de discutir com ela as leis gerais da troca na esfera fundamentalmente privada, mas publicamente relevante, as leis do intercâmbio de mercadorias e do trabalho social".39

O que acontece no mundo real é o que será

[38] LIMA, Venício A de. Universidade de Brasília. [199_] Mímeo. Criou a teoria do cenário de representação política onde a mídia reflete e depois reforça o comportamento político através de representações ideológicas da classe dominante sobre uma realidade reconstruída *ex-post ex nihilo nihil*.

[39] HABERMAS, Jurgen. *Mudança Estrutural na Esfera Pública*. Rio de Janeiro : Tempo Brasileiro, 1984. p.42.

discutido a seguir. Estas premissas esbarram em dois obstáculos para materializarem-se: primeiro, é que sempre existe a possibilidade de que as opiniões na sociedade estejam distribuídas de tal maneira que neutralizem os efeitos previstos por Arrow e McKelvey "*preference induced equilibrium*", e em segundo lugar, segundo Shepsle40, a consecução do equilíbrio por interferência das próprias instituições "*structure induced equilibrium*" é a outra possibilidade real, ou seja, o sistema político pode alocar valores de forma arbitrária, segundo a vertente sistemista, só que de forma ativa e não apenas reativa.

A conclusão mais aceita pelos neo-institucionalistas é que as instituições intervêm na formação da opinião pública diretamente. Ao contrário dos sistêmicos, os neo-institucionalistas creditam às instituições um papel ativo e não um papel reativo como nos modelos sistêmicos de Dahl41 e Easton, *ipsu facto* as instituições não somente têm um papel ativo como também são autônomas, induzindo o equilíbrio e indo além, determinando o

---

[40]Apud. SHEPSLE, Kenneth A. *The Giant Jigsaw Puzzle. Democratic Commitee Assignements in the Modern House*. Chicago: Chicago, 1978.

__________. *The Positive Theory of Legislative Institutions*: An Enrichment of Social Choice and Spatial Models. Public Choice. [S. l. : s. n.], 1986. n°50. p.135-78.

__________. Institutional Arrangements and Equilibrium in Multidimensionalvoting Models. In: Mc CUBBINS, Mathew ; SULLIVAN, Terry. (Orgs.) *"Congress: Structure and Policy"*. New York : Cambridge, 1987.

__________. The Changing Text Book of Congress. In: CHUBB, John E.; PETERSON,Paul. (Orgs.) *"Can the Government Govern?"*. Washington : Brooking I., 1989.

[41]DAHL, Robert Alan. *Uma Teoria de Análise Política*. Brasília : UnB, [19 84]. (Várias reedições)

resultado político substantivo, definindo *stricto sensu* a função instituição como "conjunto de regras, leis, procedimentos, normas, arranjos institucionais e organizacionais que implicam a existência de constrangimentos e limites ao comportamento".42

O processo de formação de opinião contingente

O processo de formação de opinião pode ser visto de uma abordagem relacional quando a opinião individual é formulada a partir das expectativas que o indivíduo tem da sociedade com relação à sua opinião; ou seja: o indivíduo quer saber qual a opinião da sociedade em relação a sua opinião, no processo da formulação da sua opinião individual. Este processo difere da formação da opinião pública porque o indivíduo não manifesta a sua opinião à sociedade, apenas faz uma avaliação da opinião da sociedade com relação à sua opinião apenas baseado nas expectativas que tem em relação à sociedade e com base no comportamento da sociedade em relação ao seu histórico na sociedade.

A ideia de utilizar a teoria dos jogos surge da necessidade de se estruturar analiticamente e cronologicamente os movimentos (ações) que são efetuados durante a disputa por votos no processo eleitoral vistos na perspectiva de um jogo.

A Teoria dos Jogos43(TJ) tem por objetivo

42LIMONGEI. Op. cit. p.8.
43NEWMANN, John Von; MORGENSTERN, Oscar. *Theory of Games and Economic Behaviour*. [S. l. : s. n.], [19--]. "o jogo é um conjunto de regras que estabelecem: 1 - o número de participantes; 2 - as informações fornecidas a cada participante; 3 - as decisões permitidas a cada participante; 4 - os resultados (*Pay-off*) auferidos por cada um dos participantes.

estudar o processo de seleção de estratégias que possam conduzir o jogador a um final de jogo (*Play-off_*).

Um jogo compõe-se de dois adversários que disputam um mesmo objetivo que só pode ser alcançado por um deles.

Um jogo de dois adversários pode ter vários participantes, entre eles o acaso, como, por exemplo, em um jogo de pôquer.

O primeiro livro sobre a Teoria dos Jogos foi lançado em 1944 por John Von Neumann coadjuvado por Oscar Morgenstern em que tentavam criar uma teoria matemática para a Economia. Esse livro chama-se: "*Theory of Games and Economic Behaviour*44".

Num jogo a ação de cada adversário deve ser guiada pela noção de racionalidade.45 Aqui na TJ a racionalidade será tomada como uma **função maximizadora das expectativas de cada jogador em relação a variável dependente utilidade**. Desse modo cada escolha estratégica será uma tentativa de maximização, portanto, cada escolha estratégica conterá uma expectativa de obter o melhor resultado, isso porque em um jogo "O resultado colhido por cada um não depende apenas de suas ações, mas, também das decisões de terceiros"46, e os resultados esperados como recompensa de cada ação tem um valor intrínseco que depende da utilidade

---

[44] Ibid.

[45] O problema da razão vem sendo a preocupação de filósofos desde Sócrates, Aristóteles, Confúcio, Habermas, Kant, Comte, Weber, Boudon, etc..., que ampliaram o debate sobre o processo da racionalidade até os limites do consciente subjetivo, da objetividade e do espaço intersubjetivo.

[46] SIMONSEN, M. H. Teoria dos Jogos, Conceitos Básicos. In: *COLEÇÃO DE ESTUDOS ECONÔMICOS* (1990 : Rio de Janeiro). Rio de Janeiro : FGV, 1990. op. cit. nº159. 1990. p.1.

que cada pessoa atribui à recompensa. Daí o conceito de utilidade. Por exemplo: uma debênture, uma nota promissória ou uma ação de uma empresa só tem valor quando pode ser liquidada, antes disso só existe a expectativa de direito sobre o título fiduciário. Essa é a razão da inconveniência do conceito de valor quando aplicado à perspectiva de ganhos. O conceito de utilidade é mais apropriado para descrever essa situação.

A indústria da moda é um exemplo crítico da força limite do conglobado, onde o sucesso desta indústria depende de um produto cuja aceitação depende apenas da vontade, da opinião e da decisão do consumidor, e para dobrar a vontade do consumidor o cartel da moda se utiliza dos recursos da propaganda, o da identificação com a maioria, o principal argumento de convencimento, afinal quem resiste à censura pública, quem quer estar por fora da moda?

A moda é uma chamada radical para o indivíduo aderir ao sistema através da identificação dos códigos sociais, assim existe leis que não poder ser violadas: saia para mulher, batom para mulher, cueca para homem, cor-de-rosa para mulher, não existe impunidade para o diferente, para o singular; o diferente é feio, o bonito é a uniformidade, é a conformidade, é a integração, mesmo que por segmentação das preferências e códigos sociais baseados no sexo, idade, localização geográfica, escolaridade, profissão, renda e etnia, onde dentro de cada segmento pratique-se a uniformização por estratificação, o que não deixa de ser um apelo ao indivíduo para participar do sistema social e político.

O ideal seria cada indivíduo escolher a sua própria moda, mas a indústria de moda de massa não está ainda preparada para isto, por enquanto este apelo ao comum será a senha para a punição daquele que quiser ser diferente, terá que pagar um alto preço pela ousadia.

8.4 – Comportamento íntimo

Muitas descobertas a fazer, muitas situações novas, novos desejos mal compreendidos, novas demandas fisiológicas, sentimentais e sexuais, forças incontroláveis muito mais pungentes do que a fome e a sede dominam o seu corpo e mente, e não podem ser mitigadas nem subjugadas, estão além de sua capacidade de autonomia, assumem o controle total de seu corpo e mente; o que fazer agora, então, com a tirania dos desejos, com a imposição e a agonia da tesão e do desejo, com a síndrome da abstinência e com a incontinência total do desejo?

O sexo deixa de ser uma fonte de prazer e passa a ser uma agonia da satisfação de um impulso animal dominando e controlando os gestos involuntários, traídos pelo olhar, pela incontinência dos instintos, pela ereção em momentos e lugares completamente inconvenientes, pela sudorese, pela intumescência e produção de líquidos e humores pastosos, oleosos e gosmentos, odores delatando a atividade hormonal ativa e preparatória para a caçada genital.

Então quem pode estender a mão para aliviar esse sofrimento tormentoso que covardemente assume o controle total da mente e só se vai embora quando bem quer, voltando sem aviso e sem pedir licença.

É bom saber que todos nós adultos já passamos por isso, e que sobrevivemos a tudo isso, você também vai conseguí-lo sem se transformar em um zumbi do desejo, sem se transformar em um viciado compulsivo. É como uma erupção vulcânica, é muito forte, é repentina, é violenta, mas, breve, e passageira.

8.5 – Comportamento em grupo

O comportamento em grupo também conhecido como Band Wagon, ou comportamento de gado, é atávico ao *homo sapiens* e se perde nas origens da civilização. O mesmo acontece em toda a natureza onde indicadores anteriormente citados neste texto nos dão sinais de que é uma regra dificilmente quebrada na natureza devido ao fator massa-crítica que tem muito a ver com a capacidade e com a possibilidade de sobrevivência das espécies enquanto pertencentes a um determinado ecoambiente na geosfera microecológica. É a essência da definição de sistema socioambiental.

8.6 – Comportamento em festas

Constitui-se no palco principal de apresentação e de representação de status conquistado durante todos os instantes em que este momento está sendo preparado.

É o verdadeiro teste final de status social, onde nenhum erro ou improvisação fica impune. É o momento de prova final da habilidade social do ser enquanto social e gregário.

8.7 – Comportamento na praia ou clube

Este ambiente convida aos excessos, por que nada parece poder ser escondido ou disfarçado, tudo é bem real, a luz, o corpo, fica tudo exposto, tudo à mostra.

Discrição e calma, nada de curiosidade nem de observações verbais indiscretas. Os fatos e imagens são mais do que suficientes. É o teste definitivo.

9   – Vícios

9.1   – Cigarros

São os vícios chamados sociais, socialmente incentivados e que trazem uma carga social valorativa que ultrapassam qualquer compreensão ou explicação ex-contexto social, somente no círculo social pode ser avaliado e compreende um curso autônomo obrigatório de coerção e coação.

É uma prova dura de integração social, e requer fazer escolhas definitivas pra toda a vida, com consequências que indicam custos e perdas, reavaliação da posição no grupo e compromissos familiares, pessoais e que se estende para além da filiação ao grupo imediato indicativo do status, atravessa a esfera inter-grupal, exacerbando os conflitos entre o indivíduo e as opções que ele faz para cada compromisso de lealdade com cada grupo a que é filiado.

9.2   – Bebidas

As drogas em geral são estigmatizadas pela sociedade, mas tem origens ancestrais nos rituais do homem primitivo em proto-religiões ancestrais pré-históricas utilizadas em rituais de celebração, de cura e de invocação de poderes sobre-humanos, em fetichismos e animismos e até mesmo em religiões e ritos psicossociais atuais como no Santo Daime, enfim, as drogas elevam o padrão de abstração cerebral para um transe não circunscrito ao ritual de entrada em contato com forças mágicas, metafísicas, esotéricas para nos trazer a sensação de transcendência sobre a natureza limitada humana.

É uma tentativa de tentar controlar forças sobre-humanas, como diria Nietzsche, tentar encontrar o super-homem, ou o sobre-humano dentro do simples mortal, limitado e frágil humano diante das possibilidades de contato com as forças poderosas da cosmogonia no universo.

Mas esta experiência extremamente comprometedora para a saúde neural pode ter consequências muito graves e duradoras até. Entre as tribos primitivas esse contato com as substâncias alucinógenas é restrito aos pajés, curandeiros e guias espirituais que se supõe saberem fazer o caminho de volta do mundo dos psicotrópicos alucinantes.

Drogas menos invasivas da psique como as bebidas alcoólicas ingeridas em pequenas e poucas doses permitem fazem a vez de quebrar as inibições e ajudam a suportar a pressão do cenário de representação social, ajudam a suportar as demandas da etiqueta social e transcender às limitações e medos psicossociais quebrando barreiras se usadas com parcimônia e cuidado. A qual exige auto-controle, maturidade e treinamento psicológico.

9.3   – Drogas

Devido à grande possibilidade do acesso não mais controlado pela religião e pelos ritos místicos de onde se originou a droga alucinógena, o seu consumo e a sua descoberta, agora, a droga alucinógena se desvencilhou e se desvinculou do círculo de onde surgiu quando era parte de um ritual religioso ou místico dentro de círculos restritos de esoterismo, para ser agora na sociedade contemporânea, um instrumento roubado dos rituais tendo se tornado um fim em si mesmo, da busca de um estado psíquico alterado como simples fuga da realidade sem nenhum sentido místico, esotérico ou religioso.

Seria análogo, se pudéssemos comparar, como se um muçulmano roubasse o sacramento da hóstia sagrada dos católicos na missa e as introduzisse em seu cotidiano como um lanche matinal, degustado com manteiga ou com creme de amendoim e vendida nos mercados como guloseima, seria considerado pelos católicos como uma profanação de seu ritual mais sagrado, assim nós o fizemos, os ocidentais, com os ritos indígenas e orientais que introduziram os alucinógenos como parte inseparável de seus rituais místicos sagrados, nós os ocidentais os profanamos, assim como profanamos o chocolate que era uma bebida de um ritual sagrado dos Astecas, agora transformado em guloseima e vendido nas prateleiras dos supermercados e até nos lugares mais profanos inimagináveis para os sacerdotes Astecas.

Assim fizemos igualmente com o fumo, de origem indígena, com a Ayahuasca, com o Epadu, com a coca dos altiplanos astecas, com o ópio sagrado para os indianos, com o haxixe sagrado para os hindus, nos apropriamos indevidamente de ritos religiosos e hábitos culturais de outras civilizações e os deturpamos.

Assim fizemos com o Yoga que é uma parte da religião dos Vedas na Índia e transformamos o Yoga em exercício físico de relaxamento e

condicionamento físico, para os Vedas o Yoga
é parte do ritual sagrado de busca do nirvana,
assim, de profanação em profanação os rituais
místicos e sagrados vão sendo banalizados e
transformados em mercadorias para consumos
vandalizados da nossa superficialidade
consumista e imediatista sem nos atermos aos
significados, origem e para as consequências e
importâncias sagradas, claro, para os outros.

9.4   – jogos

Os jogos para funcionarem realmente como um
entretenimento precisam da cumplicidade
(licença poética) e de uma celebração de
acordo tácito entre o jogador e o jogo, sem o
qual a imaginação que é a parte integrante mais
importante da simulação de situações e
emoções do jogo fica de fora do procedimento
impossibilitando que o jogo se eleve a partir da
imaginação da simulação de realidade para a
realidade virtual pretendida pelo jogo.

Jogar é brincar com a realidade inventada, são
emoções simuladas que fazem com que o
cérebro as transforme em situações reais aquilo
que apenas existe no mundo abstrato e irreal,
isolando as fronteiras entre o mundo imaginado
e a concretude da realidade, numa
representação tão fiel da realidade que se pode
perder facilmente a noção de limites entre a
realidade inventada e realidade concreta. Como
em qualquer jogo ou competição, por exemplo,
o meu time passa a ser eu mesmo, qualquer
ameaça ao meu time é uma ameaça à minha
integridade física e aos meus valores. Todos os
sistemas imunológicos, todos os sistemas de
auto-proteção e de auto-preservação física e
psíquica são ativados, como aconteceria em
uma situação limite de defesa da preservação

da sobrevivência. O jogo é em si mesmo uma violação psíquica. É um estupro cerebral.

O cérebro não consegue diferenciar a simulação de perigo da realidade lúdica do jogo e reage às ameaças de igual intensidade àquelas ameaças reais. Esta é a emoção buscada no jogo, mas nem sempre compreendida como uma simulação de perigo.

9.5   – Hobbies e preferências (manias, animais de estimação)

Hobbies são preferências desenvolvidas ou inventadas a partir de uma simulação de um microcosmo onde a fusão entre a realidade e a fantasia encontra facilmente o limite e às vezes o rompe transformando-se em patologia quando se perde a noção de representação da realidade e a coisa toma o lugar do real e concreto na vida do aficionado substituindo toda a realidade por um mundinho representado pelos fetiches e objetos inanimados e desprovidos de humanidade.

9.6   – Fanatismos

Os fanatismos são super-representações de idealizações que buscam preencher as demandas de valores e de desejos não totalmente satisfeitos por outros meios materiais e sentimentais.

Sem se perceber os valores aceitos socialmente no círculo do fanatismo cria em si mesmo as formas de auto-representação e de auto-justificação que somente fazem sentido dentro de seu próprio sistema de compreensão, de representação e de seu próprio modelo de realidade não fazendo nenhum sentido para outras visões e para outras tentativas exotéricas de percepção de sua realidade fora de seu próprio contexto de justificação fora de seus princípios e conceitos.

Não é possível combater os argumentos dos tipos emocional, religioso e passional com argumentos de tipo lógico, pois os argumentos lógicos são refutáveis, esse é o requisito principal da lógica racional abstrata, os argumentos determinísticos e os tipos dedutivistas pertencem a uma categoria transcendental de conceitos primitivos que somente são aceitos no círculo científico na falta de um melhor argumento e em função de seus constructos a posteriori. São os apótegmas, ou aforismas, que em Matemática são representadas por teoremas, corolários ou pelos silogismos filosóficos.

9.7   – Coleções (objetos de estimação)

Como analisar a compulsão do ser humano em colecionar objetos, coisas, sentimentos, pessoas, desejos, se o ato de colecionar nos leva a analisarmos a economia da poupança, que envolve a noção de propriedade.

Quem melhor dissecou este fenômeno humano pela primeira vez na história filosófica e política da sociedade foi o francês Jean Jacques Rousseau em seu ensaio sobre a natureza humana.

Em resumo: quando o ser primitivo deixou de ser um simples caçador e coletor de alimentos errante, nômade, migrante e começou a acumular víveres, começou a perceber que poderia cercar um pedaço de chão e dizer "isto é meu" então sem o perceber criou a sociedade, criou a necessidade de um Estado, criou a necessidade de um governo e iniciou a competição pelo status social.

Seria impossível falar de propriedade sem se falar de status social, a propriedade é um instituto contra a comunidade, é uma instituição contra o ente próximo: se eu tivesse certeza de que o meu semelhante iria compartilhar os bens comuns não haveria a necessidade do direito de propriedade.

O direito de propriedade nasceu do egoísmo e da desconfiança entre os seres humanos. Assim nasceu a ideia de território, de propriedade e de direitos.

Mesmo no pequeno mundinho dos colecionadores existe um apego aos bens e coisas tangíveis e intangíveis que persegue a nossa civilização desde que o ser humano se sedentarizou e deixou de ser um caçador errante e fixou-se definitivamente para ser um proprietário sedentarizado.

Colecionar passou a ser um estilo de vida e tem sentido de comportamento social obrigatório, até existem leis sobre herança e sobre o crime da dilapidação do patrimônio dos assim chamados pródigos que distribuem os seus bens sem contrapartida alguma material para os não-herdeiros.

10 – O Futuro

10.1   – Carreira profissional

Este é o melhor momento para se pensar o futuro. Pode-se fazer uma série de simulações baseados em variados modelos.

As profissões promissoras de hoje se tornarão aquelas em fadiga amanhã, por causa das leis da oferta e da demanda, são os ciclos econômicos de Kondratieff47: altos salários hoje atraem mais gente que vai investir nos estudos para que dentro de 10 a 15 anos já entrados no mercado restabeleçam o valor de mercado mais baixo para os salários agora elevados pelo excesso de oferta de mão-de-obra restaurando o equilíbrio salarial que hoje cria a distorção positiva, equilibrando os valores novamente de mercado salarial para baixo.

Porque os salários altos de hoje indicam falta de oferta de mão-de-obra que acaba atraindo mais pessoas até se esgotar a demanda pela mão-de-obra supervalorizada de hoje equilibrando novamente para baixo, e assim repetindo o ciclo sucessivamente.

Uma boa estratégia seria olhar para as novas profissões que prometem criar novos campos de trabalho, e aquelas profissões antigas em baixa hoje que não podem ser substituídas pelo mercado no futuro podendo se recuperar no futuro os valores salariais pelo mesmo processo do mecanismo da oferta e da demanda de mão-de-obra.

Mudanças estruturais de mercado de mão-de-obra são aquelas mudanças em que a tecnologia acaba por eliminar a capacidade de competição da mão-de-obra humana por que a mão-de-obra humana se tornou cara demais

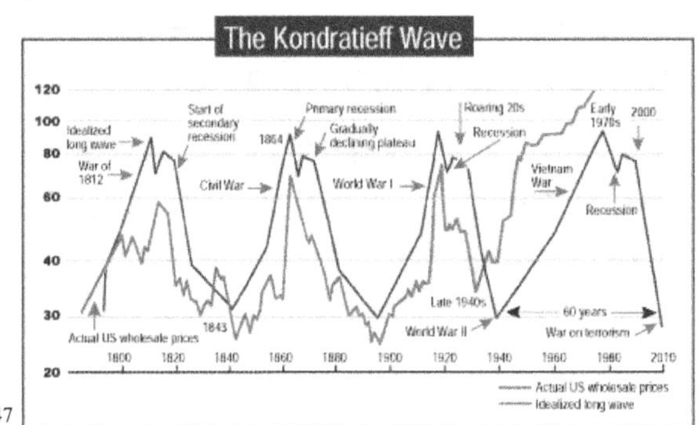

comparada com a produção automatizada ou porque mesmo sendo a mão-de-obra humana ainda mais barata do que a tecnológica o produto produzido por máquinas tem qualidade infinitamente incomparável àquela produzida pela mão-de-obra humana, então nestes casos a substituição de mão-de-obra humana depende apenas de decisão puramente política e conjuntural.

Em caso de absoluta falta de condições de se poder tomar a decisão sobre o futuro profissional a saída é fazer aquilo que se gosta profissionalmente, poucas pessoas no mundo trabalham naquilo que gosta e ao mesmo tempo conseguem ser muito bem remuneradas: ou se faz o que gosta, ou, se ganha muito dinheiro naquilo que necessariamente não se tem prazer.

Afinal se faz aquilo que gosta e sendo bem sucedida financeiramente ou não, se tem garantida a realização com aquilo que se faz, e isso ameniza as dificuldades profissionais, financeiras e existenciais.

10.2 – Planos dos pais

Pais pressionam muito nas escolhas das profissões dos filhos principalmente baseados em dois conceitos:

a) querem ver projetado nos filhos aquilo que ele desejou fazer/ser e falhou;

b) procuram deixar os filhos envolvidos no futuro em atividades profissionais de alto prestígio social e econômico.

Se estes forem os casos, a orientação a seguir seria aquela do item anterior, porque o emocional não pode se sobrepor à análise conjuntural proposta.

Somente fatores contingentes poderiam mudar os planos, como, por exemplo, limitações materiais e econômicas somente podem ser superadas com muita força de vontade e atos heróicos e isso se encontra raramente nas pessoas comuns.

Depois da era da Informática parece que vem aí a era da biotecnologia e da nanotecnologia, é conferir...

10.3 – Pressão social

A pressão social é determinante na medida em que ela cria e valida o status social, sem a sociedade e seu sistema de valores sociais não haveria necessidade de trabalharmos para além da necessidade da sobrevivência, qualquer atividade remunerada seria equivalente, mas não é isso que acontece: existe uma escala de prestígio entre as profissões na qual o valor do salário é apenas umas das variáveis importantes, a mais importante das variáveis é a importância social que é atribuída na escala de valores pela profissão exercida na sociedade.

Somos contingenciados a ponderar a escolha ou a opção que temos possíveis para assumirmos um lugar na sociedade, geralmente essa posição já nos é reservada na sociedade pela nossa condição de classe herdada das circunstâncias históricas pessoais, familiares e biográficas, isso é determinístico.

Pouco espaço tem para fazermos nossas escolhas, pois as mesmas já estão pré-determinadas pela nossa trajetória anterior que começa com a nossa genealogia, portanto saltos qualitativos são excepcionalidades e devem ser encaradas como resultado de esforço individual, dadas as condições antecedentes, as probabilidades de se modificar o destino são muito estreitas.

Vivemos em um mundo de castas sociais disfarçado de liberal-capitalismo.

O sistema de castas foi observado na Grécia antiga e na China, mas a Índia foi onde esse sistema se expressou de forma mais completa.

A sociedade indiana começou a se organizar em castas e subcastas há mais de três mil anos, adotando uma hierarquização baseada na religião, etnia, cor, hereditariedade e ocupação. Todos esses fatores são levados em consideração para definir as castas.

Esses elementos definem a organização do poder político e a distribuição da riqueza gerada pela sociedade.

Esse sistema foi abolido oficialmente em 1950, mas sobrevive pela força da tradição. Na medida em que o capitalismo avança na índia, espera-se que o sistema de castas se misture ao sistema de classes sociais econômicas e vá se desintegrando aos poucos.

O sistema de castas da Índia é uma divisão social importante na sociedade Hindu, não apenas na Índia, mas no Nepal e em outros países e populações de religião Hindu. Embora geralmente identificado com o hinduísmo, o sistema de castas também foi observado entre seguidores de outras religiões no subcontinente indiano, incluindo alguns grupos de muçulmanos e cristãos.

A Constituição Indiana rejeita a discriminação com base na casta, em consonância com os princípios democráticos e seculares capitalistas liberais ocidentais que fundaram a nação indiana contemporânea pós-colonial.

Barreiras de casta deixaram de existir rigidamente e conspicuamente nas grandes cidades, mas persistem principalmente na zona rural do país e entre famílias conservadoras.

Castas e divisões na Índia

Define-se casta como grupo social hereditário, no qual a condição do indivíduo passa de pai para filho. O grupo é endógamo, isto é, cada integrante só pode casar-se com pessoas do seu próprio grupo.

- os Brâmanes (sacerdotes e letrados) nasceram da cabeça de Brahma;
- os Shátrias (guerreiros) nasceram dos braços de Brahma);
- os Vaixás (comerciantes) nasceram das pernas de Brahma) ;
- os Sudras (servos: camponeses, artesãos e operários) nasceram dos pés de Brahma.

À margem dessa estrutura social havia os cordeiros, que vieram da poeira debaixo do pé de Brahma. Mais conhecidos como párias, sem casta, eram considerados os mais atraídos por todas as castas. Hoje são chamados de *haridchens*, *haryens* , *dalit* , ou *intocáveis*. Com o passar do tempo, ocorreram centenas de subdivisões, que não param de se multiplicar.

- **Brahmin:** os Brahmin representam o topo da pirâmide social indiana. Eles representam apenas 15% da população e são extremamente respeitados. São filósofos, sacerdotes e professores.

- **Kshatriya:** são como subordinados dos Brahmin. Suas funções estão ligadas diretamente aos meios políticos e militares, também são respeitados por classes mais baixas.

- **Vaishas:** as funções dos Vaishas se restringem à agricultura e o comércio, portanto, é uma casta extremamente importante.

- **Shudras:** assim como os Vaishas, não é uma casta que está no topo, mas é essencial. Composta por operários, artesãos e camponeses. Conquistaram a permissão para conhecer os ensinamentos hindus há pouco tempo.

- **Dalit:** os dalits não fazem parte das castas oficiais, são mais como uma clandestina. São considerados Dalits todos aqueles que violaram o sistema de castas, que "pagam" o preço desta violação com trabalhos em esgotos, lixo e manejo de mortos. Uma pessoa rebaixada a Dalit leva consigo todos os seus descendentes. É considerada a classe mais injustiçada da Índia.

- **Jatis:** são as pessoas que não se enquadram em nenhuma das castas já citadas antes. Um

Jati geralmente exerce a função herdada de seus progenitores, que nunca é uma profissão de destaque, por exemplo. Mas assim como os Dalits, não fazem parte do regime de castas "oficial".

O membro de uma casta é definido simplesmente pelo nascimento. A crença ferrenha na reencarnação faz com que os hindus acreditem que os méritos conquistados nas vidas passadas é que determinam a casta em que o indivíduo nasceu por isso não há nenhum problema em se agir de acordo com o que consideram a "justiça divina". Não há perdão, não há crescimento espiritual possível **nesta** vida.

Desobediência às regras das castas tais como a recusa a um casamento arranjado fazem com que o indivíduo seja desligado da casta em que nasceu. E como ele não pode, em hipótese alguma, fazer parte de outra casta, tecnicamente essa pessoa se torna um "sem casta" ou "pária", que, como visto, é o pior destino imaginável para qualquer cidadão indiano. Em muitos lugares, principalmente no interior, isto pode significar que essa pessoa não poderá continuar a trabalhar e a conviver em sociedade, mas se tornará para o resto da vida uma espécie de lixo humano que é impiedosamente desprezado por todos, de religiosos a agnósticos.

Isto faz lembrar-mo-nos das crenças que cultivamos no nosso liberalismo capitalista cristão ocidental de que as pessoas são livres para prosperarem e aquelas que não enriquecem são culpadas pela sua preguiça e desinteresse por si próprias, e que elas deveriam trabalhar duramente para enriquecerem, e acreditarem que os ricos são abençoados pelo seu esforço e inteligência.

Assim acreditamos que, no geral, o sistema capitalista é justo e remunera bem a todo o esforço do trabalho duro e honesto.

Da mesma forma que na religião hindu existe religiões neo-pentecostais que pregam a cura das doenças e a cura da pobreza como recompensa espiritual pela seus méritos pessoais como fazer doação de dinheiro e bens para a Igreja em nome dos seus sacerdotes, e que a pobreza e a doença são aspectos do mesmo mal espiritual de que os pecadores sofrem sem a purificação espiritual ministrada pelos representantes divinos.

Alguma semelhança com as crenças hinduístas?

Uma análise transversal do sistema de castas da Índia nos traz a consciência de que este e outros quaisquer sistemas culturais não existem no vácuo, e nenhum deles é vazio e inútil. Todo sistema cultural surgiu e evoluiu dentro de condicionantes, condições, conjunturas, constructos, épocas, necessidades de controles sociais, influências, acumulação cultural e científica, religiões, economia, recursos naturais, constrangimentos, circunstâncias, limitações, potencialidades, ideologias, filosofias, contingências e teleologia.

O que determina o futuro de um indivíduo em qualquer sociedade?

São as condições que já lhes são dadas, mais as circunstâncias do meio social e um pouco de suas potencialidades individuais. Nada mais, além de sorte, é claro (um tanto do acaso, se quiserem).

Seria difícil, e seria muita ficção, supor que o filho de um industrial fabricante de salsicha desejasse se transformar em fabricante de automóveis.

Ao herdar o império de fábricas de salsichas ele herda além de prestígio social, capital intangível da marca tradicional de salsichas, herda riquezas incalculáveis em enormes capitais específicos que são: rede de fornecedores de suprimentos para produzir salsichas, rede de distribuidores de seus produtos, assim, automaticamente ele se vê compelido, obrigado mesmo, a dar continuidade aos negócios herdados, de salsichas. Qual é a diferença para um sistema de castas?

Um filho de um grande jogador de futebol tem de graça herdado de seu progenitor toda a rede de contatos, de patrocinadores, a agenda de promotores e patrocinadores ligados aos negócios do futebol em vários estados, municípios, capitais, metrópoles, países, instituições multilaterais transnacionais, bancos, comerciantes, celebridades, mídias de massa, à admiração de fãs clubes, fanáticos; e o que fazer com todos estes capitais tangíveis e intangíveis: seguir a carreira de cirurgião, ou de advogado? A menos que fosse seguir uma carreira de cirurgião desportivo ou de advogado desportivo, seria um grande desperdício de tempo e de dinheiro, uma estultice!

Não seria isto um contra-senso, prejuízo econômico, jogar no lixo todo este capital intelectual, financeiro, humano, social por simples capricho? Então o jovem é compelido pelas condições impostas pela herança a seguir carreiras assemelhadas e afins; isto não nos lembra o sistema de castas da Índia?

Onde está a racionalidade do sistema de castas?

Da mesma forma que o jovem deserdado, ou sem capital a herdar, sem nome e sem passado a lhes fornecer uma perspectiva viável de seguir um futuro promissor, assemelhando-se no sistema capitalista liberal a um pária ou a um Dalit, sem futuro, condenado a pequenos trabalhos para estudar e conseguir projetar-se no mundo do trabalho ou das artes ou dos esportes a partir do seu próprio esforço individual é atirado à sua própria sorte no mundo capitalista.

O mundo capitalista liberal aprendeu a receber e a incentivar a que os filhos "dos sabe-com-quem-você–está-falando" venham a dar continuidade às atividades econômicas e intelectuais de seus ancestrais, assim espera-se que os descendentes de Jorge Amado prossigam com todas as portas abertas, escancaradas, das editoras de livros à esperar que um deles se digne a escrever alguma (estultice) asnice inteligível, pronta para ser revisada e anabolizada por algum ghost writer, desde que carregue embutido o sobrenome famoso do ancestral, da mesma forma as gravadoras de mídias musicais esperam ansiosas por algum descendente musical de Caetano Veloso, Gilberto Gil, com sorte grande, quem sabe até com um pífio talento que seja um descendente de Fábio Jr. ou de Roberto Carlos para cumprirem com o desiderato que está no inconsciente coletivo das castas invisíveis que existem na nossa sub-cultura, sub-liminarmente.

Vamos vivendo a nossa simulação de

democracia de castas perpétuas, subliminares,
encasteladas na estrutura social brasileira
metaforizada nas classes sociais hereditárias
dos: fazendeiros, sem-tetos, sem-terra,
empregadas domésticas, médicos,
engenheiros, comerciantes, banqueiros,
rentistas, professores, artistas, esteticistas,
tecnólogos, motoristas, taxistas, cartoriais,
servidores públicos, políticos, hoteleiros,
padeiros, açougueiros, aviadores, aeronautas,
pescadores, contraventores, ambulantes,
quiosqueiros, feirantes, vendedores, caixeiros
viajantes, ourives, tapeceiros, pedreiros,
músicos, promoteurs, desportistas, juristas,
advogados, contadores, administradores,
automobilistas, fiscais, policiais, militares,
religiosos, enfermeiros, mecânicos, eletricistas,
cabeleireiros, barbeiros, armeiros, joalheiros,
fotógrafos, jornaleiros, jornalistas, médicos,
publicitários, corretores, doceiras, cozinheiros,
garçons, artesãos, vidraceiros, socorristas
mecânicos, oficineiros, lojistas, atacadistas,
frotistas, marceneiros, moveleiros, industriais,
tratoristas, caseiros, traficantes, bicheiros,
sambistas, roqueiros, marinheiros,
contrabandistas, prostituta, sindicalistas,
modelos manequins, balconistas, vigilante,
cobrador, motorista.

Porque a herança que os indivíduos receberam
diante das circunstâncias de sobrevivência que
lhes são dadas são determinismos do destino
dados pelas heranças compulsórias: material,
imaterial, intangível, tangível, financeira,
prestígio, rede de contatos, agenda social,
contratos, confiança, fama, expectativas,
clientes, fornecedores, apoiadores, amigos
formam um conjunto extremamente forte o
suficiente para determinarem o destino do

herdeiro, definitivamente, de forma inflexível e irremediavelmente amarrado e comprometido com o passado.

10.4 – Vocação

Seguir uma vocação para a escolha da profissão exige uma consulta aos especialistas em teste vocacionais, e muita percepção daquilo que se vai investir para o resto da vida.

Nem sempre a escolha de coração coincide com as habilidades inatas indicadas pelo teste vocacional, então a inclinação ou a ambição pessoal podem nos levar à um enviesamento no destino.

Por causa dos fatores contingentes mencionados na discussão das castas e dos fatores que carregamos como herança familiar a vocação é uma das poucas coisas que podem mudar este determinismo do destino herdado.

Tudo já está predestinado para você então o que pode ser mudado depende das circunstâncias fortuitas e da sorte.

10.5 – Desejos e aspirações

10.6 – Dedicação, obsessão

10.7 – Nerds (CDF's)

10.8 – Artistas, alienados, apáticos

11 – A sedução

11.1 – A explosão física dos meninos

11.2 – A inapetência sexual das meninas

Mulheres têm enorme barreira cultural para se resolverem sexualmente na sociedade, comportamento este induzido pelo próprio sistema social. É claro que estou falando da geração pré-Funk carioca, da baixaria da era da dança "boquinha-da-garrafa", daquelas mulheres e meninas da era anterior em que não se exibiam as vagina nos rituais do Funk e que se escondiam (tapavam-na pudicamente com bolsas, lenços e pacotes) a virilha quando trajando calças e bermudas.

Mas isso é passado.

Das quase 70 mulheres que me relacionei durante cerca de 40 anos e dentre as quais me casei com quatro delas, apenas seis foram para cama e tiveram orgasmo de primeira, as outras 64 mulheres levaram em média 6 anos de intercurso sexual (ato sexual pleno) até se soltarem plenamente (de corpo e alma) sexualmente, e atingirem o orgasmo.

Amor e sexo nem sempre andaram juntos na História das civilizações, visto que o amor romântico surgiu há pouco mais de dois séculos.

A sexualidade passou de ato fisiológico para um rito social, cercado de códigos de condutas morais, éticas e sociais que se revestem de significados que incluem praticamente todas as esferas de postura social, pois, representa uma luta de poder, status social, vaidades, dominação, capacidade econômica, habilidades sociais, saúde, enfim é a espera de interação social mais includente de todas, porque não exclui nenhum aspecto da vivência, diz a pesquisa que mais de 80% do tempo de acesso à internet é dedicado aos sites eróticos, sites de encontros, e que o conteúdo de 90% dos sites da Internet são de imagens eróticas. Quais (quantas) propagandas e cartazes que não se valem de uma imagem ligada ao sexo?

Quatro aspectos psicológicos dominam e

motivam os atos humanos: sexo, poder, dinheiro e reconhecimento social (fama).

Para Freud, o criador da Psicanálise, o sexo é a principal força que move o ser humano em suas ações até mais do que o instinto de sobrevivência;

Para Karl Marx é o dinheiro e os bens materiais que movem os seres humanos;

Para Hobbes e Maquiavel é o poder de dominação sobre o outro é a principal força que move a humanidade; para a Psicologia de Pavlov é o reconhecimento social a maior alavanca motivadora do ser humano.

Como se vê nenhum deles defende o instinto de sobrevivência como o principal motivacional humano. Surpreendente pra você?

Geralmente as balzaquianas já vêm preparadas e calejadas para o sexo, mas o que ainda as bloqueiam são o passado que lhes trazem de volta misturados aos momentos melhores, as lembranças dolorosas, embaraçosas e lamentáveis dos eventos constrangedores de aprendizado e de experiência forçada e delicada que lhes custou a ruptura dos preconceitos sexuais.

Isso é o pior dos mundos, porque ela pode ser feliz, mas, à custa de remorsos e más lembranças do aprendizado complicado.

11.3 – O apetite sexual voraz dos meninos

A sociedade empurra o menino despreparado e assustado consigo mesmo para a caçada mais difícil da sua vida, onde se tem mais força e habilidade física, mas não servem para alcançar esse objetivo de impressionar e caçar a parceira, seria vantagem na era Neandertal, mas agora são outras as armas e as estratégias disponíveis para a batalha.

A tática inicial consiste na eliminação dos concorrentes, diante da dificuldade maior que seria seduzir e conseguir monopolizar a atenção das moças.

É difícil saber o que pode interessar e prender a atenção de uma adolescente, explodindo de sensualidade e com o corpo perfeito, tudo ali é novo e bem atraente, a natureza caprichou na camada subcutânea fina de gordura para a pele parecer aveludada, os seios durinhos como jamais terá de novo em sua vida, a pele bonita, os olhos grandes, os cabelos sedosos e brilhantes, os quadris bem distribuídos, os ombros estreitos, as pernas torneadas, e a voz suave e sedutora.

Então a natureza pede e clama pela eliminação dos incompetentes e maus portadores de genes perdedores, mas elas não sabem bem escolher o que querem daí a insegurança que as leva a trocarem freneticamente informações discretamente sobre as opiniões das suas concorrentes no mercado de fofocas e de cotação dos mais desejados e cobiçados rapazes.

Tudo se resume em beleza e depois em riqueza. O mundo está todo separado entre os bonitinhos e os feios. Mais tarde elas começam a separar entre os riquinhos e os pobrezinhos. No futuro elas vão querer os separar entre os inteligentes e os estúpidos. Mas, isso vai demorar talvez uma década. É melhor não contar com esta possibilidade de imediato.

Uma espinha, um corte de cabelo errado, uma roupa fora de moda e temos uma catástrofe, se o celular ou o tablet não é de última safra, se as marcas não são aquelas sancionadas pelo grupo é melhor se trancar em casa ou ter muita personalidade pra enfrentar a sanção pesada e as retaliações.

Levar uma das beldades para cama, nem pensar! As feias, as gordinhas, as pobrezinhas acabam engravidando mais cedo, tem que compensar a falta de condições de competição com um trabalho melhor de relações públicas, com muita diplomacia e muita habilidade para entender melhor as preferências dos meninos nos esportes, nas tecnologias de máquinas automotores, aeronáuticas, motonáuticas, games, enfim acabam se tornando peritas e expert's em hobbies masculinos.

11.4 – A gravidez precoce

Esta negociação de compensações quando não se é uma beldade acaba conduzindo à gravidez precoce, são os riscos de uma negociação sob alta pressão, é claro que este não é o único motivo, mas certamente é o mais frequente, Neste jogo de vantagens muito bem descrito por John Nash em sua Teoria dos Jogos, que também pode ser vista no filme "Uma Mente Brilhante", faz parte do jogo "Eu penso que ele pensa que eu penso que ele pensa..."

11.5 – A paternidade precoce

Rapazes desiludidos e pressionados pelas meninas com poucos dotes para permanecerem neste jogo de sedução pelas sobras do mercado de vaidades servem de consolo com esta situação frequente, que não desejada acaba sendo um trunfo para estreitar as ligações sentimentais e de maneira atravessada até confere um status quando devolve uma antecipação de um status superior demonstrado pela ousadia deste compromisso novo, provocando a mudança obrigatória de situação civil, com todas as consequências imprevisíveis, indesejadas, não-antecipadas ou não, mas agora irrevogável e irretratável.

12 – Técnicas de Sedução

Como diz a velha canção grega:

"Se você quiser ser amado por uma mulher não diga que você a quer, mas, faça com que ela o veja todos os dias e desapareça para votar. Se ela lhe dirige a palavra, seja carinhoso, sem afoitamento. Então ela virá por ela mesma a você. Saiba então tomá-la com energia no dia em que ela resolver se dar. Se ele lhe dirige a palavra seja carinhoso, sem afoitamento. Quanto a recebê-la em seu leito tome-a com firmeza e com decisão, esqueça o seu próprio prazer, saiba que as mãos de uma mulher apaixonada tremem e não têm carinho."

..Um dia descobrimos que beijar uma pessoa para esquecer outra, é bobagem.

Você não só não esquece a outra pessoa como pensa muito mais nela...

Um dia nós percebemos que as mulheres têm instinto "caçador" e fazem qualquer homem sofrer ...

Um dia descobrimos que se apaixonar é inevitável...

Um dia percebemos que as melhores provas de amor são as mais simples...

Um dia percebemos que o comum não nos atrai...

Um dia saberemos que ser classificado como

"bonzinho" não é bom...

Um dia perceberemos que a pessoa que nunca te liga é a que mais pensa em você...

Um dia saberemos a importância da frase: "Tu te tornas eternamente responsável por aquilo que cativas..."

Um dia percebemos que somos muito importante para alguém, mas não damos valor a isso...

Um dia percebemos como aquele amigo faz falta, mas ai já é tarde demais...

Enfim...

Um dia descobrimos que apesar de viver quase um século esse tempo todo não é suficiente para realizarmos
todos os nossos sonhos, para beijarmos todas as bocas que nos atraem, para dizer o que tem de ser dito...

O jeito é: ou nos conformamos com a falta de algumas coisas na nossa vida ou lutamos para realizar todas
as nossas loucuras...

Quem não compreende um olhar tampouco compreenderá uma longa explicação.

12.1   – Roupas e acessórios

12.2   – O contato visual

12.3   – A timidez

12.4   – O que falar: a verdade é a melhor das cantadas

12.5   – Erros a serem evitados

12.6   – Dominando os preconceitos (beleza, cor, físico)

12.7   – Ser feia não é tão ruim (tem +

relacionamentos, casam-se mais cedo, de acordo com a teoria dos jogos – John Nash)

Os garotos logo aprendem da maneira mais dolorosa que as feias são mais acessíveis e maleáveis diante do coração duro, cruel e indiferente das beldades egoístas e altamente arrogantes...

As meninas mais feias se esforçam para serem interessantes e mais entusiasmadas do que as mais bonitas para compensarem a sua pouca atratividade física, embora aconteça de algumas delas terem um astral (auto-estima baixa) realmente baixo por causa da enorme carga de bullying que acaba vergando os seus espíritos por excesso de carga psicológica negativa. O que não destrói acaba fortalecendo a disposição da alma.

Elas, as meninas bonitas, apenas estavam ensaiando para no futuro manipularem os machos, enquanto os meninos feios e nerds que no futuro serão os patrões e os chefes dos outrora chamados gatinhos destas belezinhas, no futuro essas balzaquianas esperariam que na próxima encarnação tenham a chance de mudarem de comportamento e suas escolhas de juventude e na adolescência colarem em num menino feio e nerd..

12.8   – Quando a beleza é demais atrapalha
(assusta, intimida, explora, humilha)

12.9   – Quando a riqueza é demais atrapalha
(assusta, intimida, explora, humilha)

13 – O Relacionamento do casal

13.1   – Respeito, confiança, ciúme

Tem muita importância a longevidade do relacionamento do casal dado que as primeiras relações sexuais assim com o primeiro ato social de qualquer situação na vida envolvem um rito de passagem para o novo status social, e isso implica em ruptura e em uma nova expectativa que gera medo de fracasso de ambas as partes gerando um sentimento de estar estabelecendo um novo contrato que então inconscientemente transforma-se no primeiro grande teste do casal.

Para evitar este clima de teste é preciso estabelecer uma grande parceria e deixar garantido que qualquer fracasso eventual deve merecer uma nova chance em nome do afeto, do amor, do compromisso e da amizade, quer dizer, quando a gente acredita no potencial do parceiro um evento mal sucedido se perde entre tantos outros bem sucedidos e o seu peso final é imperceptível no conjunto.

Então, de que vale querer se arriscar logo nos primeiros encontros para se correr tantos riscos desnecessariamente apenas para satisfazer a uma pergunta ansiosa: será que vai dar certo?

Se algo não der certo já não importa quando já

se tem uma tão grande, sólida e antiga amizade, e um tão inefável amor. O grande amor, os filhos e a amizade a tudo superam, mas se não der tempo para se criarem laços de ternura e de cumplicidade um fracasso sexual pode ser a sentença definitiva irrecorrível.

Esta é a principal razão para se ter paciência com algo tão importante para o casal. As relações de longo prazo são o segredo do sucesso, e exige tempo, paciência e investimento sem garantia de sucesso, mas quanto mais passa o tempo mais aumentam as chances de tudo se acomodar.